论 语

[春秋]孔丘·著
吴兆基·注译

陕西新华出版 三秦出版社

图书在版编目（CIP）数据

论语 /（春秋）孔丘著；吴兆基注译. -- 西安：三秦出版社，2008.01（2024.1重印）
（国学百部经典丛书）
ISBN 978-7-80736-326-2

Ⅰ. ①论… Ⅱ. ①孔… ②吴… Ⅲ. ①儒家②论语－注释③论语－译文 Ⅳ. ① B222.22

中国版本图书馆 CIP 数据核字（2007）第 188774 号

书　　名	论　语	
作　　者	［春秋］孔丘 著　吴兆基 注译	
责　　编	靳　疆	
封面设计	新华智品	

出版发行	三秦出版社	
社　　址	西安市雁塔区曲江新区登高路 1388 号	
电　　话	（029）81205236	
邮政编码	710061	
印　　刷	北京一鑫印务有限责任公司	
开　　本	680×1020　1/16	
印　　张	9	
字　　数	80 千字	
版　　次	2008 年 4 月第 2 版	
印　　次	2024 年 1 月第 2 次印刷	
标准书号	ISBN 978-7-80736-326-2	

定　　价	39.80 元	
网　　址	http://www.sqcbs.cn	

前　言

　　《论语》，是中国古代儒家的一部重要经典，成书于战国初期，集中地反映了孔子的思想。《论语》以记言为主，故称语。论是论纂的意思。《论语》成于众手，记述者有孔子的弟子，有孔子的再传弟子，也有孔门以外的人，但以孔门弟子为主。

　　孔子，名丘，字仲尼，春秋后期鲁国人，中国古代伟大的思想家、教育家、政治家，儒家学派创始人。

　　孔子思想体系的核心概念是"仁"。"仁"的最简单表述就是"爱人"，即对人尊重和有同情心。孔子把以"仁"为核心的伦理道德思想贯彻到政治领域，提出"仁政"的学说。提出富民、惠民的主张。反对一味使用严刑峻法，而要先用严格的道德标准要求自己、以身作则，通过道德感化搞好政治。

　　在天道观上，孔子不否认天命鬼神的存在，但又对其持怀疑态度，主张"敬鬼神而远之"。相对于天命而言，孔子更加注重人事，强调人的主观努力，把探讨和解决人世间的实际问题放在优先地位。从总体上说，孔子是尊重理性、否定迷信的，这一特点对数千年以来中国人的思想和精神产生了重大影响。

　　《论语》虽然只是孔子的言论和他与弟子们对话的辑纂，间或有对孔子生活片断的记录，缺乏严密的逻辑和完整的体系，然而，《论语》灵活的编纂形式事实上使该书的表现内容大为增加，多方位、多视角地体现出了孔子的思想、性格、才能、趣味及其所处的生活环境和时代背景，有利于读者全面、准确地了解孔子及其思想。

　　虽然对如何评价孔子及《论语》的历史价值和现实价值一直存在着种种争议，然而，不可否认的是：《论语》是对古代中国社会和中国人的心灵影响最大的一部经典。而且,即使是在现代社会,《论语》中提倡的"孝"的思想,要做君子而不做小人的思想,要注重自身道德修养,等等,仍然在深刻地影响甚至支配着中国人的思想和言行。因此,在新的历史时期,如何正确认识《论语》的价值,把握其思想核心,汲取其中有生命力的内容,以服务于现代社会,仍然是摆在我们面前的重要课题。

编　者

2008年1月

目　录

学而第一……………………………………………………… 1
为政第二……………………………………………………… 7
八佾第三……………………………………………………… 13
里仁第四……………………………………………………… 18
公冶长第五…………………………………………………… 24
雍也第六……………………………………………………… 30
述而第七……………………………………………………… 36
泰伯第八……………………………………………………… 43
子罕第九……………………………………………………… 47
乡党第十……………………………………………………… 54
先进第十一…………………………………………………… 58
颜渊第十二…………………………………………………… 68
子路第十三…………………………………………………… 78
宪问第十四…………………………………………………… 85
卫灵公第十五………………………………………………… 93
季氏第十六…………………………………………………… 104

阳货第十七……………………………………110
微子第十八……………………………………118
子张第十九……………………………………124
尧曰第二十……………………………………135

学 而 第 一

【原文】

子曰:"学而时习之,不亦说乎? 有朋自远方来,不亦乐乎? 人不知而不愠,不亦君子乎?"

【译文】

孔子说:"学了后,时时去温习它,不也很愉快吗? 有志同道合者从远处赶来,不也很快乐吗? 别人不了解自己的才能,我却不抱怨,不就是个君子吗?"

【赏析】

本节评述了孔子对于学习、朋友和交往中应注意的态度,学习需要不断复习,朋友要交往志同道合者,才有乐趣,与人交往不能炫耀自己的才华,要谦虚有礼,才算得上君子。

【原文】

有子曰:"其为人也孝弟,而好犯上者,鲜矣;不好犯上,而好作乱者,未之有也。君子务本,本立而道生。孝弟也者,其为仁之本与!"

【译文】

有子说:"一个人为人孝顺父母,敬爱兄长,却喜欢冒犯上司,是很少有的;不喜欢冒犯上司,却喜欢叛乱,这种人从来没有过。君子致力于根本,根本的东西确立了,道也就产生了。孝和悌,这就是仁的根本吧!"

麒麟玉书 孔子未生,有麒麟吐玉书于乡大夫家,其文曰:"水精子,继衰周而为素王。"颜母异之,以绣绂系麟角。信宿而去。

【赏析】

　　本节说孝悌是仁的根本，孝悌之人必是有"仁心"者，孝悌之人必不敢犯上作乱，为此悖逆不仁之事，所以推行"仁"，必先教人以"孝"，孝悌之风一旦盛行，那么仁道也就盛行了。

【原文】

　　　　　子曰："巧言令色，鲜矣仁！"

【译文】

　　孔子说："满口是讨人喜欢的花言巧语，满脸是讨人喜欢的伪善神色，这种人，仁德是不多的！"

【赏析】

　　本节说明了孔子识人的态度。孔子识人注重内心的仁德，而不注重表面的花言巧语，越是执着于巧言令色的人，越是没有仁德的人，真正的仁德之人，是不屑于用言语迷惑对方，或用言语哗众取宠的。

【原文】

　　　　　曾子曰："吾日三省吾身：为人谋而不忠乎？与
　　　朋友交而不信乎？传不习乎？"

【译文】

　　曾子说："我一天中多次反省自己：为别人办事不够尽心吗？与朋友交往不够诚实吗？老师传授的学业不够熟练吗？"

【赏析】

　　本节强调在儒家修身中自我反省的重要性。人是在不断地自我反省中进步的，不断地改善自己的不足之处，不断地完善自己，这样人所犯的错误就会越来越少。

【原文】

　　　　　子曰："弟子入则孝，出则弟，谨而信，泛爱众，
　　　而亲仁。行有余力，则以学文。"

【译文】

　　孔子说:"弟子们,在父母面前就孝顺父母;出门对待一般友人,就像对待兄长一样尊重、友爱,说话谨慎,说了就守信用;对众人有广泛的爱,亲近有仁德的人。这样去做了之后,若还有余力,就再去学习文献知识。"

二龙五老　　鲁襄公二十二年十一月庚子,孔子诞生之辰,有二龙绕室,五老降庭。

【赏析】

　　本节说明了实践和学习的关系。孔子认为实践是第一位的东西,而学习是用来指导实践的,而且来源于实践,所以强调实践有余力后再学文。这里讲的实践主要是德行方面。

【原文】

　　子夏曰:"贤贤易色,事父母能竭其力,事君能致其身,与朋友交言而有信。虽曰未学,吾必谓之学矣。"

【译文】

　　子夏说:"尊重贤者,注重品德而不注重相貌,侍奉父母能尽心尽力,侍奉君主能献出性命,交结朋友说话守信。这样的人,虽说没学习过,我一定说他是学过的了。"

【赏析】

　　本节说明孔子学派对于知识与德行关系的阐述。子夏是孔子晚年的学生,比孔子小四十四岁。子夏认为道德实践与文献知识一样都是学,而且道德实践比单纯学习知识更要重要,与上一章所说是相互衔接的。

【原文】

　　子禽问于子贡曰:"夫子至于是邦也,必闻其政,求之与?抑与之与?"子贡曰:"夫子温、良、恭、俭、让以得之。夫子之求之也，其诸异乎人之求之与？"

【译文】

子禽向子贡问道："夫子每到一个国家，必定要了解那个国家的政事，是去要求了解的呢？还是别人主动告诉他的呢？"子贡说："夫子是凭着温和、善良、恭敬、俭朴、谦让的态度来得到的。夫子获闻各国政事，与别人获闻各国政事不同吧？"

【赏析】

本节通过子禽与子贡的对话，让我们看出孔子力求主张的为人之道。孔子主张做人当有温、良、恭、俭、让五种美德，这五种美德是儒家最先倡导，现在已是中华民族的传统美德。

【原文】

子曰："父在，观其志；父没，观其行；三年无改于父之道，可谓孝矣。"

【译文】

孔子说："父亲活着时，要观察儿女们的志向；父亲去世后，要考察儿女们的行为；如果三年不改变父亲的行为原则，就可以说是孝顺了。"

【赏析】

孔子对孝道尤其重视，他认为儿女要做到对父亲的孝，就要坚持对父亲生前好的作为不改变，对于父亲所主张的道义要遵循。可见孔子所强调的孝不只限于情感方面，而是把个人发展与社会相结合，重视了文化的延续和维护。

【原文】

有子曰："礼之用，和为贵。先王之道，斯为美，小大由之。有所不行，知和而和，不以礼节之，亦不可行也。"

【译文】

有子说："礼的作用，以中和为可贵。先王的治国之道，以此为可贵，无论大事小事，都以此为原则。假如有行不通的地方，知道要和谐，就去求和谐，而不以礼去加以调节，也是不可行的。"

【赏析】

儒家传统的中庸之道讲究"以和为贵"。和也就是讲究一切都要恰到好处，恰到好处是礼的精要，礼应该讲究一切恰到好处，不能过也不能不及，礼既不是约束，也不是放纵，是"和谐"。

钧天降圣　颜母之房，闻钧天之乐，空中有声云："天感生圣子，降以和乐之音。"故孔子生有异质，凡四十九衰，胸有文曰"制作定世符"。

【原文】

有子曰："信近于义，言可复也；恭近于礼，远耻辱也；因不失其亲，亦可宗也。"

【译文】

有子说："信任接近道义，诺言是可以履行的；恭敬接近于礼节，能够避免耻辱；亲近的人中不曾漏掉自己的亲族，那也是可尊崇的。"

【赏析】

本节是有子对为人处世的一些看法。有子认为只有守信，兑现诺言，对人态度恭敬，才能获得人们的尊敬；这样才不会失去关系亲密的朋友。有子对为人处世的论述在今天也很有借鉴意义。

【原文】

子曰："君子食无求饱，居无求安，敏于事而慎于言，就有道而正焉，可谓好学也已。"

【译文】

孔子说："对君子来说，吃饭不求全足，居住不求安逸，做事要勤敏，说话要谨慎，接近有道德的人，就在那里纠正自己的过错，就可以说是好学了。"

【赏析】

　　本节孔子认为君子为学要以修身养性、安贫乐道为要，对于物质层面的东西应该不屑一顾，要不断向有道之人学习，说话要谨慎，做事要敏捷，也就是在求学上强调道德实践重于知识。

【原文】

　　子贡曰："贫而无谄，富而无骄，何如？"子曰："可也。未若贫而乐，富而好礼者也。"子贡曰："《诗》云：'如切如磋，如琢如磨。'其斯之谓与？"子曰："赐也，始可与言《诗》已矣！告诸往而知来者。"

【译文】

　　子贡问孔子说："贫穷却不巴结奉承，富有却不骄傲自大，这怎么样？"孔子说："已经不错了。但比不上贫穷还过得开心，富有却能爱好礼仪。"子贡说："《诗经》上说：'就像加工骨角、象牙、玉、石一样，要不停地切、磋、琢、磨。'说的就是这个意思吗？"孔子说："赐呀，可以开始和你讨论《诗经》了。告诉你过去的话，就可以懂得今后的事。"

【赏析】

　　本节讲的是孔子与子贡探讨修养问题。这里指出了对待贫富的两种精神境界，并进一步说明"贫而好乐，富而好礼"是对待贫富的最佳态度。子贡在与孔子探讨时，有所感悟，领悟到了精神的最高追求，得到了孔子的赞许。

【原文】

　　子曰："不患人之不己知，患不知人也。"

【译文】

　　孔子说："不担心别人不了解自己，就担心自己不了解别人。"

【赏析】

　　本节说明个人修养不要计较名利得失。人不知道自己，自己也没有什么损失，但如果自己不知道别人，对贤者不能交而用，对不贤者不能避而远，这样祸患就不远了。

为政第二

【原文】

子曰:"为政以德,譬如北辰,居其所而众星共之。"

【译文】

孔子说:"以道德原则治理国家,就像北极星一样处在一定的位置,所有的星辰都围绕着它。"

【赏析】

本节突出了孔子的德政主张,认为以道德原则治理国家,君主就会像北极星被众星围绕一样,受到爱戴。

【原文】

子曰:"《诗》三百,一言以蔽之,曰:'思无邪'。"

【译文】

孔子说:"《诗经》三百篇,用其中一句话来概括它,就是'思想纯正无邪'。"

【赏析】

本节是孔子对《诗经》思想的总结。孔子认为《诗经》的总纲就是"无邪"的思想,《诗经》通篇都蕴含着纯正的思想精华,没有邪念,孔子以此意在说明施行德政的重要性。

俎豆礼容　孔子五六岁,时为儿嬉戏,尝陈俎豆,设礼容,与同戏群儿迥异。盖天植其性,不学而能也,由是群儿化效,相与揖让,名闻列国。

【原文】

子曰:"吾十有五而志于学,三十而立,四十而不惑，五十而知天命，六十而耳顺，七十而从心所欲，不逾矩。"

【译文】
　　孔子说："我十五岁开始有志于学问；到三十岁知书识礼，能够立身处世；到四十岁，对自己的言行学说坚信不疑；到五十岁懂得世事的发展，懂得了天命；到六十岁已能理解和泰然地对待听到的一切；到七十岁可以从心所欲而又不越出周礼的规范。"

【赏析】
　　本节是孔子对自己一生经验的总结。每一个人生阶段的思想都是对上一个人生阶段思想的升华和进步，尤其是最高境界随心所欲还能合乎礼仪，是个人修养的顶峰。孔子的这段话已成千古名言，传颂至今。

【原文】
　　子游问孝。子曰："今之孝者，是谓能养。至于犬马，皆能有养；不敬，何以别乎？"

【译文】
　　子游请教孝道。孔子说："现在的所谓孝道，只看作能够养活父母就行了。至于犬马，都能得到饲养；如果对父母缺乏敬爱之心，拿什么去区别对待二者的不同呢？"

大夫师事　孟僖子曰："吾闻圣人之后，若不当世，必有达者。今孔子年少好礼，其达者与？我即殁，汝必师之。"故孟懿子与南宫敬叔师事孔子。

【赏析】
　　本节孔子以"敬"来解释孝。孔子认为真正对父母孝顺，不能只是在居住和饮食上尽到赡养义务，更要从精神上做到"敬"，因为只有尊敬父母，才能看出内心的孝敬之情。

【原文】

子夏问孝。子曰:"色难。有事弟子服其劳,有酒食先生馔,曾是以为孝乎?"

【译文】

子夏请教孝道。孔子说:"孝道难就难在儿子在父母面前总能保持和颜悦色。碰到事情,由年轻人效劳,遇到好吃好喝的,让年长的享用,这样就可以称作尽孝道了吗?"

职司委吏　孔子既长,尝为季氏委吏,料量平。盖孟子所谓"委吏而会计"当也。

【赏析】

本节是孔子从"色难"的角度来解释"孝",与上一章的从"敬"的角度来解释一样都是从情感的层面来讲的,都是说孝顺父母更要关注内心,而非徒具表面上的形式而已。

【原文】

子曰:"视其所以,观其所由,察其所安。人焉廋哉?人焉廋哉?"

【译文】

孔子说:"观察他做的是什么,再细看他从什么途径去做,再考察他这样做的心理动机。那么,这个人怎么隐藏得住呢?这个人怎么隐藏得住呢?"

【赏析】

本节讲的是孔子教人观察人的方法。观察一个人是善是恶,是不是人才,只要看他所结交的朋友是什么人、处事方法、内心的忧虑三个方面,就能看到一个人的本质了。

【原文】

子曰:"温故而知新,可以为师矣。"

职司乘田 孔子尝为季氏司职吏,而畜蕃息。盖孟氏所谓"乘田而牛羊茁壮长"也。

【译文】

孔子说:"能够在温习旧知识时有新的体会和发现,就可以做老师了。"

【赏析】

本节孔子讲的是如何可以成为一个老师。如果能够不断地复习旧知识,并从旧知识中得到新的体会,这样的人是可以成为一个合格的老师的。因为一旦温故知新养成习惯,学问会大有长进的。

【原文】

子曰:"君子不器。"

【译文】

孔子说:"君子不要像器皿一样自限其用。"

【赏析】

本节说明君子要成为通才,而不能像器皿一样只局限于某一方面的用途,应该精通各门知识,不能只做"一招鲜"的人才,意即现在所提的复合型人才。

【原文】

子曰:"君子周而不比,小人比而不周。"

【译文】

孔子说:"君子亲密团结,而不相互勾结,小人相互勾结,而不亲密团结。"

【赏析】

本节孔子从另一个角度阐明了君子与小人的区别。君子是心胸开阔、宽容大度的人,小人是心胸狭窄、嫉妒心强的人,因此,孔子从道德修养方面强调君子比小人要优秀。

【原文】

子曰:"学而不思则罔,思而不学则殆。"

【译文】

孔子说:"只读书而不思考,就会越学越糊涂;只思考而不读书,就会疑惑不解。"

【赏析】

本节讲学与思相辅相成的关系。孔子认为学与思一定要相互结合,相互促进,在学的基础上思考,在思的指导下学习,两者要交修并进,单独进行其中一项都没有意义。

【原文】

子曰:"由!诲女知之乎?知之为知之,不知为不知,是知也。"

【译文】

孔子说:"由!我把对待知与不知的正确态度教给你!知道就是知道,不知道就是不知道,这才是明智的。"

【赏析】

本节说的是应该如何对待知与不知。讲究学问要老老实实,来不得半点虚假,知道就是知道,不知道就是不知道,这样实事求是的为学态度,才能获得进步,是智者的行为。

【原文】

子张学干禄。子曰:"多闻阙疑,慎言其余,则寡尤;多见阙殆,慎行其余,则寡悔。言寡尤,行寡悔,禄在其中矣。"

【译文】

子张向孔子学求官职得俸禄的方法。孔子说:"多听,有疑问的地方先予以保留,对其余的无疑问的谨慎地说出,这就能减少过失;多看,有疑问的地方先予以保留，对其余的谨慎地实行，这就能减少懊悔。言语少过失，行为少懊悔，官职俸禄就在里边了。"

【赏析】

本节讲的是孔子谋官求职之道。孔子认为若想为官，首先要知识和阅历丰富，其次要多思考，再者要慎言慎行。

【原文】

哀公问曰："何为则民服？"孔子对曰："举直错诸枉，则民服；举枉错诸直，则民不服。"

【译文】

鲁哀公问孔子说："怎样做百姓才会服从？"孔子回答说："把正直的人提拔出来，居于邪恶的人之上，百姓就会服从；把邪恶的人提拔出来，居于正直的人之上，百姓就不会服从。"

【赏析】

本节是孔子教哀公用人方面的策略。要使民心服，就要用正直的人来治理国家，若用邪曲之人，则民心不服，国家大乱。

【原文】

子曰："人而无信，不知其可也。大车无輗，小车无軏，其何以行之哉？"

【译文】

孔子说："做一个人，却不讲信用，我不知道那怎么行得通！这就像大车上缺少輗，小车上缺少軏，这车怎么能走呢？"

【赏析】

本节讲的是信用对人生的重要性。孔子举例子说明信用对人的重要犹如輗、軏对车的重要，人若不守信用，就像车子不能行走一样，要不讲信用，人也不能在社会上站得稳，走得开。

【原文】

子曰:"非其鬼而祭之,谄也。见义不为,无勇也。"

【译文】

孔子说:"不是自己族里的鬼神也祭祀了,这是献媚。见到合乎道义的事却不去做,这是无勇。"

【赏析】

本节孔子指出了懦弱与谄媚的具体表现,并区分了二者的不同,告诉人们什么是谄媚,什么是懦弱,二者都是人性丑陋的一面,从中可以看出孔子在分析人性方面的深刻和独到。

丑次同车　孔子自蒲反乎卫,主蘧伯玉家。灵公与夫人同车,使孔子为次乘。孔子曰:"吾未见好德如好色者也。"去之。

八佾第三

【原文】

孔子谓季氏:"八佾舞于庭,是可忍也,孰不可忍也?"

【译文】

孔子谈起季孙氏,说道:"季孙氏使用只有天子才能用的八佾之礼在庭院中舞蹈,这种事可以容忍的话,还有什么不可容忍的呢?"

【赏析】

　　本节是孔子批判季孙氏僭礼行为的话。孔子的思想是坚决维护周礼的,他试图用礼来规范人们的行为,对身为权臣的季孙氏公开僭礼,感到非常不满。

【原文】

　　子曰:"人而不仁,如礼何?人而不仁,如乐何?"

【译文】

　　孔子说:"做人却没有仁心,礼制对他有什么用呢?做人却没有仁心,礼乐对他有什么用呢?"

【赏析】

　　本节孔子讲了仁与礼乐之间的关系。孔子认为仁是最重要的,是根本性的东西,礼乐都是在仁的基础上形成的,没有仁,礼乐都将失去意义。

【原文】

　　林放问礼之本。子曰:"大哉问!礼,与其奢也,宁俭;丧,与其易也,宁戚。"

【译文】

　　林放问礼的根本。孔子说:"这个问题很重大!就一般礼仪而言,与其过分奢侈,宁可俭省;就丧礼而言,与其大讲排场,宁可悲哀过度。"

【赏析】

　　本节孔子讲了礼的根本。为什么林放会这样问礼,因为礼有形式和本质之分,内心之礼是礼的本质,外物乃礼的形式。林放有感于世上为礼之人重形式,轻实质,所以问孔子礼的根本是什么。

问礼老聃　孔子与南宫敬叔入周,问礼于老子。朱子曰:"老子曾为周柱下史,故知礼节文,所以问。"

【原文】

子夏问曰:"'巧笑倩兮,美目盼兮,素以为绚兮。'何谓也?"子曰:"绘事后素。"曰:"礼后乎?"子曰:"起予者商也!始可与言《诗》已矣。"

【译文】

子夏问孔子说:"'漂亮的脸儿笑起来真是美呀,黑白分明的眼睛转起来真迷人呀,洁白的底子上绘采文啊!'这说的是什么意思?"孔子说:"彩绘后于白底子。"子夏说:"莫非礼乐也在仁义忠信之后么?"孔子说:"能启发我的人是卜商啊。现在可以与你讨论《诗经》了。"

【赏析】

本节讲孔子与弟子子夏探讨礼的来源和本质。孔子认为仁义在礼之先,仁义是礼的本质,礼仪是仁的装饰,学礼之人先学仁,仁在礼之先,因而子夏说"礼后乎"。

【原文】

子曰:"夏礼吾能言之,杞不足征也;殷礼吾能言之,宋不足征也。文献不足故也。足则吾能征之矣。"

【译文】

孔子说:"夏代的礼制,我能说出来,但夏的后代杞国不足以为证;殷代的礼制,我能说出来,但殷的后代宋国不足以为证。这是杞宋二国典籍和贤人不够用的缘故。如果有足够的典籍和贤人,那么我就能借以证明了。"

【赏析】

本节孔子自述他学习夏、殷两代礼仪的情况。孔子强调文献的重要性,也就是证据的重要性。孔子认为,文献不足,对于古礼不可妄言,这体现了孔子治学求实和审慎的精神。

【原文】

定公问:"君使臣,臣事君,如之何?"孔子对曰:"君使臣以礼,臣事君以忠。"

【译文】

　　鲁定公问孔子说:"君主使用臣子,臣子服事君主,应该怎样做呢?"孔子回答说:"君主依照礼节使用臣子,臣子怀着忠心服事君主。"

【赏析】

　　本节是孔子对君臣关系的阐述。在这里孔子既强调了为君者应尽的义务,也强调了为臣者应尽的义务,即君使臣以礼,臣事君以忠。孔子认为君臣双方的责任应该是相互的,而不是臣下一味地愚忠于君主。

【原文】

　　子曰:"《关雎》,乐而不淫,哀而不伤。"

【译文】

　　孔子说:"《关雎》这首诗,快乐而不放纵,悲哀而不伤痛。"

【赏析】

　　本节强调了孔子对《关雎》这首诗的理解。孔子认为《关雎》在表达情感的时候恰到好处,不偏不倚,既有浓浓的情感,也有理智调和,使理智与情感合一。

观乡人射　孔子观乡射,喟然叹曰:"修身而发不失正鹄者,其唯贤者乎?若夫不肖,安能以中?"《诗》云:"发彼有的,以祈尔爵。"

【原文】

　　哀公问社于宰我。宰我对曰:"夏后氏以松,殷人以柏,周人以栗,曰使民战栗。"子闻之曰:"成事不说,遂事不谏,既往不咎。"

【译文】

　　鲁哀公向宰我问社祭时作神主用的是什么木料。宰我回答说:"夏代用松木,殷代用柏木,周代用栗木,意思是使人民望而生畏恐惧战栗。"孔子听了这话,批评说:"已做过的事就不再解释了,已完成的事就不能挽回了,已过去的事就不再责怪了。"

【赏析】

　　本节是孔子教育弟子宰我的问答，孔子认为宰我说周代用栗树是"使民战栗"是对周朝不敬的，因此孔子对宰我提出了三个原则——对于做过的事、完成的事、过去的事的态度。这三个原则在今天也有着值得借鉴的作用。

【原文】

　　子谓《韶》："尽美矣，又尽善也。"谓《武》："尽美矣，未尽善也。"

【译文】

　　孔子评论《韶》乐，说："声音美极了，内容也好极了。"评论《武》乐，说："声音美极了，内容还不够。"

【赏析】

　　本节孔子评价了《韶》与《武》两种音乐，通过对两种音乐的比较，隐喻美与善两条道德标准。

【原文】

　　子曰："居上不宽，为礼不敬，临丧不哀，吾何以观之哉？"

【译文】

　　孔子说："居于上位不能宽以待下，行礼不庄重严肃，吊丧时而不悲哀，我还凭什么来观察这种人呢？"

【赏析】

　　本节孔子对实行礼治阐述了自己的看法。孔子以为实行礼治要遵循三个原则，处于高位之人要懂得宽宏大量，行礼的时候要庄重，参加丧礼要悲哀，也就是要做到宽、敬、哀。

里仁第四

【原文】

子曰:"里仁为美。择不处仁,焉得知?"

【译文】

孔子说:"人以安居于仁德之地为好。如果择身所居而不选仁德之地,怎能算作明智呢?"

【赏析】

本节是孔子有关环境对人的重要性的议论,近朱者赤,近墨者黑,环境对一个人的影响很大,一个人要健康地成长,离不开良好的环境,只有居住在仁德的环境里,才是明智的选择。

子羔仁恕　　子羔为卫士师,刖人之足,俄而卫乱,刖者守门,逃子羔者三。子羔怪问其故,刖者曰:"断足固我之罪。昔公欲免臣于法也,臣知之;当论刑,君愀然不悦,臣又知之。此臣之所以悦君也。"孔子闻之曰:"善哉,为吏其用法一也,思仁恕则树德,加严暴则树怨,公以行之,其柴乎!"

【原文】

子曰:"不仁者不可以久处约,不可以长处乐。仁者安仁,知者利仁。"

【译文】

孔子说:"不仁的人不能够长期处在贫穷中,也不能够长期处在安乐中。仁者实行仁德以安身立命,智者实行仁德以顺从仁。"

【赏析】

本节阐述了仁者与不仁者的区别。孔子认为只有仁者,才能做到不为外物役使,安于仁德,能做到富而好礼、贫而乐道。

【原文】

子曰:"唯仁者能好人,能恶人。"

【译文】

　　孔子说:"只有有仁德的人才能够正确地喜爱某人,厌恶某人。"

【赏析】

　　本节孔子继续阐述仁者的处世态度,只有仁者才能做到心地坦荡,善恶分明,本着客观、诚实的态度来决定自己的好恶,决不会因为私欲而喜欢或讨厌某个人。

【原文】

　　子曰:"富与贵,是人之所欲也,不以其道得之,不处也;贫与贱,是人之所恶也,不以其道得之,不去也。君子去仁,恶乎成名?君子无终食之间违仁,造次必于是,颠沛必于是。"

【译文】

　　孔子说:"富有与尊贵,这是人人所渴望的,但如不用正当的方法去得到它,君子不会接受;贫穷和低贱,这是人人所厌恶的,但如不用正当的方法来解决它,君子不会逃避。君子如果抛弃了仁,又怎么能成就声名呢?君子不会有哪怕一顿饭的时间离开仁,即使在仓促匆忙之时也必定和仁同在,即使在颠沛流离之时也必定和仁同在。"

【赏析】

　　本节孔子继续讲述仁的重要性,指出君子是一会儿也不能离开仁的,仁作为人的基本道德要贯穿在人的一生之中,在人的行为生活中应该时时刻刻都体现"仁"。

【原文】

　　子曰:"人之过也,各于其党。观过,斯知仁矣。"

【译文】

　　孔子说:"人的过错,各属于一定类型。观察人们的过错,就可以知道他是什么样的人。"

【赏析】

　　本节孔子讲的是如何认识了解一个人，主张通过一个人的过失来考察一个人的本质。人犯错误，有各种不同的表现，从不同的表现当中可以反映出不同个体的人格特征。

【原文】

　　子曰："朝闻道，夕死可矣。"

【译文】

　　孔子说："早晨悟到了真理，就是当晚死去也是值得的。"

【赏析】

　　本节讲述了孔子对于真理和知识执着追求的精神，以及为追求真理而献身的牺牲精神。为了追求到真理，哪怕是失去生命也在所不惜，这种精神在今天依然有着很大的积极意义。

【原文】

　　子曰："君子怀德，小人怀土；君子怀刑，小人怀惠。"

【译文】

　　孔子说："君子关心道德，小人关心田土；君子关心法度，小人关心恩惠。"

【赏析】

　　本节孔子讲的是君子与小人在思想上的不同。小人贪恋外物囿于恩惠，而君子与之相反，向往道德和法制。

【原文】

　　子曰："不患无位，患所以立。不患莫己知，求为可知也。"

【译文】

　　孔子说："不担心没有官位，只担心没有任职的本领。不担心没人了解自己，只追求可被别人了解的真才实学。"

【赏析】

　　本节讲的是孔子对自我修养的主张。孔子认为应该严于律己，而不应怨天尤人，应该努力掌握安身立命的真正本领，而不是整日患得患失。

【原文】

　　子曰："参乎！吾道一以贯之。"曾子曰："唯。"子出，门人问曰："何谓也？"曾子曰："夫子之道，忠恕而已矣。"

【译文】

　　孔子说："参啊！我的学说贯穿着一个基本思想。"曾子说："是。"孔子走出去后，别的学生问道："这话什么意思？"曾子回答说："先生的学说，就是忠和恕罢了。"

【赏析】

　　本节通过曾子的话点出了孔子学说的基本思想。孔子的基本思想归纳而言亦即忠和恕。曾子是孔子学生辈中比较小的弟子，孔子死时曾子才二十九岁，所以曾子的理解是否正确，历来有争议，但孔子也讲过，恕是终身可以奉行的原则。

猎较从鲁　孔子仕鲁，鲁人猎较，孔子亦猎较。孟子曰："孔子先簿正祭器，不以四方之食供簿正。"

【原文】

　　子曰："君子喻于义，小人喻于利。"

【译文】

　　孔子说："君子明白的是义，小人明白的是利。"

【赏析】

　　本节阐明的是君子与小人不同的义利观。在道义和利益的取舍上，君子更重视道义，而小人更注重的是利益，对义和利的不同认识是君子和小人的区别。

【原文】

子曰："见贤思齐焉，见不贤而内自省也。"

【译文】

孔子说："见到贤人应该想和他看齐，见到不贤的人，便应该对照自我反省。"

【赏析】

本节孔子讲的是如何与他人相处之道。见到强于自己的人，要向他学习，努力向人家靠齐，见到不如自己的人，要自省自己哪些方面还有所欠缺，只有这样才能不断完善自己。

【原文】

子曰："父母在，不远游，游必有方。"

【译文】

孔子说："父母活着时，不离家远行，即使不得已远行，也应有一定的去处。"

【赏析】

本节也是讲孝道。孔子认为做儿女的应守在父母身边，不能远游他乡，如果必须要出门远游，也一定要先告知父母远游的方向，以免父母担心。

【原文】

子曰："三年无改于父之道，可谓孝矣。"

【译文】

孔子说："如果三年不改变父亲的行为原则，就可以说是孝了。"

【赏析】

本节可以参考《学而》篇。孔子认为对于父亲生前的精神、原则能够坚持下去，也是孝的一种表现。

【原文】

子曰："古者言之不出，耻躬之不逮也。"

【译文】

　　孔子说:"古时候人们不轻易把话说出来,唯恐身体力行跟不上而感到羞耻。"

【赏析】

　　本节孔子强调了慎言力行的重要性。做人要讲究诚信,金口不能轻易开,要么不言,言则必行,轻易许诺之人必然缺少诚信,古之圣贤,都会因为承诺的事情办不到而感到可耻。

【原文】

　　子曰:"以约失之者鲜矣。"

【译文】

　　孔子说:"因为严于律己而犯过失的事是很少的。"

【赏析】

　　本节孔子讲修身的道理,必须要勤于约束自己,才可以少犯过错。做人要谨言慎行,严于律己,每日自省,怀敬畏之心,这样才能在为人处世上少犯错误。

【原文】

　　子曰:"君子欲讷于言而敏于行。"

【译文】

　　孔子说:"君子在说话上要谨慎迟钝,在行动上要敏捷勤奋。"

【赏析】

　　本节讲的是君子说话做事的一般原则。说话一定要谨慎,做事一定要敏捷,用行为来说话,不轻易许诺、夸夸其谈,这是为人处世中一条重要的原则,今天人们还奉为处世之箴言。

公冶长第五

【原文】

子谓公冶长："可妻也。虽在缧绁之中,非其罪也。"以其子妻之。子谓南容："邦有道,不废;邦无道,免于刑戮。"以其兄之子妻之。

【译文】

孔子提到公冶长,说:"可以把女儿嫁给他。虽然他曾经坐过牢,但不是他的罪过。"便把自己的女儿嫁给了他。孔子提到南容,说:"国家政治清明,他不会不被任用;国家政治黑暗,他可免于刑罚。"便做主把其兄的女儿嫁给了他。

【赏析】

本节记叙孔子对公冶长和南官适的评价。孔子认为公冶长是一个君子,可以把女儿嫁给他,并最终把女儿嫁给了公冶长,说明孔子看人看本质,而不是关注经历、出身等细节。评价完公冶长后,紧接着说的是孔子对南官适处世之道的推崇,南官适不论是治世还是乱世都能有所作为,治世可为官,乱世可避祸,做到这点需要很好的道德修养和智慧。

入平仲学　世传孔子七岁入晏平仲学。按:平仲治东阿,意或孔子蒙学之时尝入平仲所设之乡学也。

【原文】

子谓子贡曰："女与回孰愈?"对曰："赐也何敢望回? 回也闻一以知十,赐也闻一以知二。"子曰:"弗如也,吾与女弗如也。"

【译文】

孔子对子贡说:"你和颜回谁强?"子贡回答说:"我呀,怎么敢和颜回比？颜回呀，听到一件事，可以推知十件事；我呀，听到一件事，只能推知两件事。"孔子说："确实赶不上他，我同意你的看法，确实赶不上他。"

【赏析】

　　本节讲的是孔子借赞赏颜回来激励子贡。子贡认为自己比不上颜回，孔子也这样认为，敦促子贡在与颜回对比中找出差距，努力提高自己，缩小差距。

【原文】

　　　　宰予昼寝。子曰："朽木不可雕也，粪土之墙不可圬也，于予与何诛？"子曰："始吾于人也，听其言而信其行；今吾于人也，听其言而观其行。于予与改是。"

【译文】

　　宰予白天睡觉。孔子说："腐烂了的木头无法雕刻，粪土一般的墙壁无法粉刷。对于宰予还有什么值得指责的呢？"孔子又说："起初我对于人，听了他说的话，便相信他的行为；现在我对于人，听了他的话，还要考察他的行为。从宰予的事情后，我改变了以前的态度。"

【赏析】

　　本节说的是孔子批判宰我白天睡觉的懒惰行为。孔子对宰我感到失望，指出宰我言行不一，没有诚信，所以孔子得出结论，听其言还要观其行，并以此作为识人的一种方法。

【原文】

　　　　子贡曰："我不欲人之加诸我也，吾亦欲无加诸人。"子曰："赐也，非尔所及也。"

【译文】

　　子贡说："我不愿别人强加给我的事，我也不想强加给别人。"孔子说："赐，这不是你能做得到的。"

【赏析】

　　本节子贡所说的话是实践仁的标准，类似于"己所不欲，勿施于人"。子贡的认识孔子很是欣赏，但孔子认为以目前子贡的修养还达不到这样高尚的情操境界，所以孔子希望子贡努力去做。

【原文】

　　子贡曰："夫子之文章，可得而闻也；夫子之言性与天道，不可得而闻也。"

【译文】

　　子贡说："老师在文献典籍方面的学问，我们可以听到；老师关于人性与天道的论述，我们无法听到。"

【赏析】

　　本节通过子贡的赞美来映衬孔子思想、德行的伟大。孔子对大量知识和材料的占有，这些是可以学到的，但孔子对于人性、天道等本质东西的理解，却是学不到的。

【原文】

　　子贡问曰："孔文子何以谓之'文'也？"子曰："敏而好学，不耻下问，是以谓之'文'也。"

【译文】

　　子贡问孔子说："孔文子为什么被谥为'文'呢？"孔子说："他聪敏而热爱学习，又谦虚下问，不以为耻，这就是用'文'作为他谥号的理由。"

【赏析】

　　本节是孔子称颂孔文子的话。他认为孔文子敏而好学，不耻下问，实属难得，一般的聪敏者多不想努力学习，位高者多耻于下问。所以孔文子能做到这点，的确显示出人格的非同凡响。

【原文】

　　子谓子产："有君子之道四焉：其行己也恭，其事上也敬，其养民也惠，其使民也义。"

【译文】

　　孔子谈论子产，说："他具有四种合乎君子之道的品行：他为人处世严肃认真，他侍奉国君恭敬谨慎，他教养百姓多用恩惠，他役使人民合乎情理。"

【赏析】

　　本节是孔子称颂子产有四种君子的美德。子产为人做事态度要庄严恭敬，对待君主负责任，对百姓施以恩惠，使用民众合乎道义。做到这样就是治国之能臣，贤明之君子。

【原文】

　　子曰："晏平仲善与人交，久而敬之。"

【译文】

　　孔子说："晏平仲善于与别人交往，别人与他交往越久，就越尊敬他。"

【赏析】

　　本节孔子称颂晏婴善于交友。晏婴交友总能以持礼恭谨的态度相待，无论与什么人，交往多长时间，都能保持恭敬而不失礼节。交友当如晏婴，才能受到朋友的尊重。

【原文】

　　季文子三思而后行。子闻之，曰："再，斯可矣。"

【译文】

　　季文子遇事总是考虑多次之后才行动。孔子听到后，说："考虑两次就可以了。"

【赏析】

　　本节孔子对季文子办事过于谨慎提出批评。孔子支持遇事"三思而后行"，但不必每件事都要反复考虑，如此过于小心反倒成了畏首畏尾了。谨慎过头犹不及，过于谨慎就成了胆怯、懦弱的表现。

【原文】

子曰："宁武子，邦有道则知，邦无道则愚。其知可及也，其愚不可及也。"

【译文】

孔子说："宁武子在国家政治清明时就显得很聪明，在国家政治黑暗时就装作愚蠢。他的聪明，别人可以赶上；他的装作愚蠢，别人无法赶上。"

【赏析】

本节是孔子称赞宁武子的处世艺术。孔子自己在乱世中为功名奔波劳碌，明知不可为而为之，但也觉得，远世避乱，洁身自好是一种智慧，宁武子深谙韬晦之术，深得孔子赞赏。

【原文】

子曰："巧言、令色、足恭，左丘明耻之，丘亦耻之。匿怨而友其人，左丘明耻之，丘亦耻之。"

【译文】

孔子说："花言巧语、态度伪善、毕恭毕敬，这种态度，左丘明认为可耻，我也认为可耻。心中藏着怨恨，表面却与人要好，这种行为，左丘明认为可耻，我也认为可耻。"

【赏析】

本节讲述孔子对几种奸诈虚伪情况的揭露。过分恭敬、花言巧语、心存狡诈，这些奸诈虚伪的行为都是可耻的，从另一个方面也说明为人要实事求是，表里如一。

【原文】

颜渊、季路侍。子曰："盍各言尔志？"子路曰："愿车马、衣轻裘，与朋友共。敝之而无憾。"颜渊曰："愿无伐善，无施劳。"子路曰："愿闻子之志。"子曰："老者安之，朋友信之，少者怀之。"

【译文】

颜渊、季路侍立在孔子身边。孔子说:"你们何不谈谈各人的志向呢?"子路说:"希望做到把我的车马衣服与朋友共同使用,即使被用坏了也没有什么遗憾。"颜渊说:"希望不夸耀自己的好处,不表白自己的功劳。"子路又说:"希望听听您的志向。"孔子说:"对老者加以安抚,对朋友加以信任,对年轻人加以关怀。"

陵阳罢役　陈侯起陵阳台,未毕而死者数十人,又执三监吏将杀之。孔子既见陈侯,与登而观之,侯曰:"昔周作灵台,亦戮人乎?"对曰:"文王兴作,民如子来,何戮之有?"陈侯惭,遂释而罢兴作。

【赏析】

本节讲的是孔子及其弟子的志向。子路是一位重义轻利的人,颜渊有着谦虚谨慎的道德修为,孔子则以天下为己任,心怀万民。

【原文】

子曰:"十室之邑,必有忠信如丘者焉,不如丘之好学也。"

【译文】

孔子说:"即使是只有十户人家的小地方,也必定有像我一样忠实而讲信用的人,只是都不像我这样爱好学问罢了。"

【赏析】

本节孔子强调了学习的重要性。人都不是生而知之者,学识都是靠后天努力得来的。孔子认为自己最大的优点是学习,人们可以做到如他一样忠信,但孔子的学习精神却不是一般人能做到的。

雍也第六

【原文】

哀公问："弟子孰为好学？"孔子对曰："有颜回者好学，不迁怒，不贰过。不幸短命死矣。今也则亡，未闻好学者也。"

【译文】

鲁哀公问孔子："你的学生中谁好学？"孔子回答说："有位叫颜回的爱好学问，他从不迁怒于人，不犯同样的过失。不幸他短命死了，现在再没有这样的人了，再也没有听说有这样爱好学问的人了。"

跪受赤虹　孔子著作既成，斋戒向北斗告备。忽有赤虹自天而下，化为黄玉刻文，孔子跪而受之。

【赏析】

本节孔子对颜回的好学给予了高度评价。同时也赞扬了他不发怒于人，不犯同样错误的品德，又对他的英年早逝深表惋惜。除了颜回，再没有听到谁好学了，这就是孔子对颜回好学最好的评价了。

【原文】

子华使于齐，冉子为其母请粟。子曰："与之釜。"请益。曰："与之庾。"冉子与之粟五秉。子曰："赤之适齐也，乘肥马，衣轻裘。吾闻之也，君子周急不继富。"原思为之宰，与之粟九百，辞。子曰："毋！以与尔邻里乡党乎！"

【译文】

公西华出使到齐国去，冉有替他的母亲请求小米。孔子说："给他一釜。"冉有请求增加，孔子说："再给他一庾。"冉有给了他五秉。孔子说："公西赤到齐国去，车前驾着肥马，身上穿着轻暖的衣袍。我听说过：君子帮助别人应当雪中送炭，而不该锦上添花。"原思做孔子家的总管，孔子给他九百斗小米作俸禄，他不肯要。孔子说："不要推辞！把它分给你的邻里乡亲嘛！"

【赏析】

本节记叙了孔子宁愿雪中送炭，也不愿锦上添花的助人原则。助人就是要周济困顿窘急的，雪中送炭是高尚美德的表现，锦上添花就显露出卑琐的媚态。

【原文】

子曰："回也，其心三月不违仁，其余则日月至焉而已矣。"

【译文】

孔子说："颜回呀，他的内心长期保持仁德，其余的学生则只是哪日哪月偶然想一下罢了。"

【赏析】

在本节，孔子对颜回能长久地不离开仁德进行了称颂。一时一日的仁义容易，长期地不违背仁义则困难，这大概也是颜回与其他人的显著区别吧。

【原文】

子曰："贤哉，回也！一箪食，一瓢饮，在陋巷，人不堪其忧，回也不改其乐。贤哉，回也！"

【译文】

孔子说："颜回真有贤德啊！吃一点干饭，喝一瓢白水，住在狭小的巷子中，别人无法忍受这种穷苦生活的忧愁，颜回却不改变他内心的快乐。颜回真有贤德啊！"

【赏析】

本节孔子对颜回安贫乐道，在极端艰苦的环境下还能享受快乐进行了高度赞扬。一竹篮饭，一瓢水，破街陋巷，却能无忧无虑，快乐地追求高尚的道德，难怪孔子称他贤德！

【原文】

冉求曰："非不说子之道，力不足也。"子曰："力不足者，中道而废。今女画。"

【译文】

冉求说："不是我不喜欢您的学说，是我没有足够的力量去实行。"孔子说："假若真是力量不足，就会走到半道走不动了。现在你却是自己停留不前。"

【赏析】

本节孔子对冉求的不进取进行了尖锐的批评，一针见血地指出并不是能力不够，而是不努力，停止不前。

【原文】

子曰："孟之反不伐，奔而殿，将入门，策其马，曰：'非敢后也，马不进也。'"

【译文】

孔子说："孟之反不夸耀自己。在军队溃败时走在最后，掩护全军，将进城门时，便鞭打着他的马，说：'不是我敢于断后，而是我的马不快些跑。'"

【赏析】

本节孔子称赞了孟之反不夸耀自己的品德。孟之反掩护全军撤退，最后一个进城，反而说是由于自己的马跑得不快，孟之反谦虚不居功的品德由此可见。

【原文】

子曰："质胜文则野，文胜质则史。文质彬彬，然后君子。"

【译文】

孔子说:"质朴超过了文采,就显得粗俗;文采超过了质朴,就显得虚浮。只有文采与质朴和谐地配合在一起,然后可以成为君子。"

【赏析】

在本节,孔子阐述了"文"与"质"的辩证关系。他认为,只有两者配合得当,无偏无倚,这样才是完美的。"文"与"质"我们既可以理解为内容与形式,也可以理解为做事的本意与方式、方法。

【原文】

子曰:"知之者不如好之者,好之者不如乐之者。"

【译文】

孔子说:"对于学问和仁德,了解它的人比不上喜爱它的人,喜爱它的人比不上乐在其中的人。"

【赏析】

本节孔子对做学问的三种境界进行了阐述并作了比较。对知之、好之、乐之三种境界而言,后者明显要高于前者,都比前者高了一个层次。这其中也暗含了孔子对应该如何学习的看法。

【原文】

子曰:"中人以上,可以语上也;中人以下,不可以语上也。"

【译文】

孔子说:"中等智力以上的人,可以告诉他高深的学问;中等智力以下的人,不可以告诉他高深的学问。"

【赏析】

本节体现了孔子因材施教的观点。一个人的潜力、资质、接受学习的能力是不同的,因此在教学内容、教学方法上,对不同的教育对象也应有所区别。孔子的这种教学观点,从古至今乃至将来都是适用的。

【原文】

樊迟问知。子曰:"务民之义,敬鬼神而远之,可谓知矣。"问仁。曰:"仁者先难而后获,可谓仁矣。"

【译文】

樊迟问什么是聪明。孔子说:"致力于人事关系的合理、协调,敬奉鬼神但要离开他们远一些,可以说是聪明了。"樊迟又问什么是仁德。孔子说:"有仁德的人凡事先付出劳苦,然后获得成功,这可以说是具备仁德了。"

灵公郊迎　孔子至卫,灵公喜而郊迎,闻孔子居鲁,得粟六万,致粟亦如其数。灵公于孔子接遇以礼如此,于是孔子于卫有际可之仁矣。

【赏析】

本节通过樊迟的提问,孔子对什么是知与仁作出了解释。此时的樊迟,即将出仕赴任,孔子对他的回答也针对了他这时的具体情况,知与仁都要利国利民。

【原文】

子曰:"知者乐水,仁者乐山。知者动,仁者静。知者乐,仁者寿。"

【译文】

孔子说:"智者喜爱流动的水,仁者喜爱稳重的山。智者喜欢动,仁者喜欢静。智者快乐,仁者长寿。"

【赏析】

本节孔子用山和水来与智者、仁者进行类比,形象地指出了他们在性格、生活方式等各方面都是存在差异的。

【原文】

宰我问曰:"仁者,虽告之曰:'井有仁焉。'其从之也?"子曰:"何为其然也?君子可逝也,不可陷也;可欺也,不可罔也。"

【译文】

宰我问孔子说:"有仁德的人,如果告诉他:'井中有仁德。'他会不会跟着跳井呢?"孔子说:"为什么要这样做呢?君子可以摧折,却无法陷害他;可以欺瞒他,却无法愚弄他。"

【赏析】

有人掉在井里了,仁德之人要不要跳下去救他。面对这个两难的问题,在本节中孔子作出了巧妙的回答:救人不一定非得跳下去,仁德之人不是傻子,是不能受欺侮和陷害的。

【原文】

子贡曰:"如有博施于民而能济众,何如?可谓仁乎?"子曰:"何事于仁!必也圣乎!尧、舜其犹病诸!夫仁者,己欲立而立人,己欲达而达人。能近取譬,可谓仁之方也已。"

【译文】

子贡问道:"假如有这样一个人,广泛地对人们给予好处,并帮助人们渡过难关,这人怎么样?可以说是仁了吗?"孔子说:"岂止是仁呢!那一定是达到圣的境界了!即使尧舜也难以做到!所谓仁,就是自己要成功,也让别人成功;自己要通达,也让别人通达。能将心比心,推己及人,可以说是行仁的方法了。"

【赏析】

在本节中,孔子既对什么是仁,如何完成仁进行了解释,也对仁与圣作出了区分。在孔子眼里,仁是可以努力做到的,而圣却是难以企及的,尧、舜都难以达到圣,但普通人只要能从自我做起,并由己及人,就可实践仁道了。

述而第七

【原文】

子曰:"述而不作,信而好古,窃比于我老彭。"

【译文】

孔子说:"只阐述以前的文化而不从事创作,相信并爱好古代文化,我私下将自己与老彭相比。"

【赏析】

在本节中,孔子既说出了自己崇尚古代文化的态度,又谦逊地说自己对古代文化只是"述而不作"罢了。但中国文化之所以能流传至今,正是由于孔子的"述"发挥了重大作用,孔子是述的第一人,在中国文化史上是一个承前启后的人物。

【原文】

子曰:"默而识之,学而不厌,诲人不倦,何有于我哉?"

【译文】

孔子说:"默默用心记下知识,学习从不满足,教导他人从不疲倦,对我来说此外还有什么呢?"

【赏析】

本节记述了孔子的学习方法、学习态度及教育他人的态度。

化行中都　孔子为中都宰,制为养生送死之节,长幼异食,强弱异任,男女别途,路不拾遗,器不雕伪,市不贰价,为四寸之棺,五寸之椁,依丘陵为坟,不封不树。行之一年,而四方诸侯则焉。

【原文】

子曰："德之不修，学之不讲，闻义不能徙，不善不能改，是吾忧也。"

【译文】

孔子说："品德不加以培养，学问不予以上进，听到道义所在不能前往，有缺点错误不能改正，这些都是我的忧虑啊。"

【赏析】

本节中孔子叙述了自己所担心忧虑的四件事，从中我们也可以看出孔子道德修养的崇高。孔子所说此话，一方面是对自己的勉励，另一方面也是对别人的教导劝诫。

【原文】

子曰："自行束脩以上，吾未尝无诲焉。"

【译文】

孔子说："只要是带点束脩自愿履行起码进见礼仪以上的人，我从没有不对他给予教诲的。"

【赏析】

本节孔子阐述了自己不分贫富均予以施教的思想。在孔子那个崇尚财富的年代，他能够开私学，招收贫困子弟，并毫不保留地加以传授教导，这在文化与教育事业上无疑是一个巨大的进步。

【原文】

子曰："不愤不启，不悱不发。举一隅不以三隅反，则不复也。"

【译文】

孔子说："教导学生，不到他们想问题而想不清，想表达而说不出的时候，我不会去启发他。举示一方，他不能由此而推知其他三方，我就不再教他了。"

【赏析】

本节是孔子对启发式教育思想的阐述。作为一名教育家，孔子不仅探求理论，还亲身授课实践，在长期的教学活动中，孔子知道了启发对教育人的巨大作用。这个经验总结，无论在古代还是在现在都有极深的教育意义。

【原文】

子曰："富而可求也，虽执鞭之士，吾亦为之。如不可求，从吾所好。"

【译文】

孔子说："财富如果可以求得的话，即使是做市场上的守门人，我也愿意干。如果不可求取，还是干我所喜欢的吧！"

【赏析】

本节孔子对其财富观进行了阐述。财富不是想追求就可以追求得到的，对于这种不可强求的事情，孔子认为应该去做自己喜欢做的事情。

【原文】

子在齐闻《韶》，三月不知肉味，曰："不图为乐之至于斯也。"

【译文】

孔子在齐国听了《韶》乐，过了好几个月还尝不出肉味的鲜美，他说："想不到音乐带给人的快乐会达到这样的境界。"

【赏析】

本节记述的是孔子对《韶》乐的赞美。一日闻《韶》乐，竟然有好几个月沉浸在其美妙的声乐之中，吃饭时竟尝不出肉味的鲜美，以此衬托出《韶》乐音律之优美。同时也体现了孔子对音乐的痴迷与专注之深。

【原文】

子曰："饭疏食，饮水，曲肱而枕之，乐亦在其中矣。不义而富且贵，于我如浮云。"

【译文】

孔子说:"吃粗饭,喝白水,弯着胳膊当枕头,这种生活,其中也有着快乐。用不正当的手段而得来的富贵,在我看来好比天空飘浮的白云。"

宋人伐木　孔子去曹过宋,与弟子习礼大树下。宋司马桓魋欲害之,拔其树。弟子曰:"可以去矣。"孔子曰:"天生德于予,桓魋其如予何!"

【赏析】

本节体现了孔子安贫乐道的思想。孔子认为,精神上的快乐远远要高于物质上的快乐,只要心中有道,生活再艰苦内心也是快乐的。不义而富且贵,只不过如同浮云一样飘忽不定,转眼即逝。

【原文】

叶公问孔子于子路,子路不对。子曰:"女奚不曰:其为人也,发愤忘食,乐以忘忧,不知老之将至云尔。"

【译文】

叶公向子路问孔子是怎样的一个人,子路没有回答。孔子说:"你为什么不这样回答:他的为人,发愤用功时会忘了吃饭,快乐起来会忘记忧愁,连自己将要衰老都不知道,如此罢了。"

【赏析】

本节是孔子的自我评价。几个短句,就使一个勤奋学习、快乐无忧、超脱的孔子形象跃然纸上。由此可见,孔子是一个积极向上、爱好学习的人。

【原文】

子不语怪、力、乱、神。

【译文】

孔子从不谈论怪异、勇力、叛乱、鬼神。

【赏析】

　　本节是孔子对怪、力、乱、神的态度，从而也体现了孔子的思想主张：重人事而轻鬼神，重道德教化而反对武力征伐，关注现实，关注人生。

【原文】

　　子曰："三人行，必有我师焉。择其善者而从之，其不善者而改之。"

【译文】

　　孔子说："几个人同行，其中必定有值得我师法的人。选择他们的优点照着去做，借鉴他们的缺点注意改正。"

【赏析】

　　本节孔子用自谦的说法阐述了好学的态度。每个人都非完人，也不是没有一点优点。与别人相处，就是要善于学习别人的长处，看到他们的缺点，再检查自己是否存在，有则改正。这才是真正好学者所应采取的态度。

【原文】

　　子以四教：文、行、忠、信。

【译文】

　　孔子在四个方面对学生进行教育：文化技艺、生活实践、忠心待人、办事守信。

【赏析】

　　本节记叙了孔子的教学内容。作为中国古代伟大的教育家，孔子不仅重视学生学习书本知识，还非常重视学生们的实践活动；不仅重视学习各种知识技能，还重视对学生们道德品行等方面的培养。

【原文】

　　子曰："圣人，吾不得而见之矣。得见君子者，斯可矣。"子曰："善人，吾不得而见之矣。得见有恒者，斯可矣。亡而为有，虚而为盈，约而为泰，难乎有恒矣。"

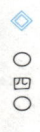

【译文】

孔子说:"圣人,我是无法看见了。能够看到可称为君子的人,就算不错了。"孔子说:"善人,我是无法看见了。能够看到有坚持操守的人,就不错了。那种没有却装作富有,空虚却装作充实,穷困却装作宽裕,是很难保持一定操守的。"

射矍相圃　孔子习射于矍相圃,观者如堵。使子路执弓矢喻之曰:"贲军之将,亡国之大夫,与为人后者,不得入。孝弟好礼,不从流俗者立此。"去者大半。

【赏析】

本节孔子阐述了四种不同层次的人:圣人、善人、君子、有恒者。圣人、善人已经看不到了,而君子、有恒者则还是有的。对那些大多数的普通人,只要他们能够追求仁义,坚持操守,就是难能可贵的了。

【原文】

互乡难与言,童子见,门人惑。子曰:"与其进也,不与其退也,唯何甚!人洁己以进,与其洁也,不保其往也。"

【译文】

互乡这地方的人不好交谈,那里的一个童子被孔子接见了,学生们感到疑惑。孔子说:"应当赞成他的进步,而不赞成他的退步,这有什么过分?人家把自己打扮干净来到这里,应当赞扬他的整洁,不应当老盯着他的过去。"

【赏析】

本节通过对孔子接见互乡少年的记述,反映了孔子用辩证、发展的眼光看待人和事的观点。对待一个人,既不能老看他的过去,也不能不给别人改正错误的机会。对他人的成长,老是用旧眼光观察,这是错误的。这里也体现出孔子与人为善的性格。

【原文】

子曰:"若圣与仁,则吾岂敢?抑为之不厌,诲人不倦，则可谓云尔已矣。"公西华曰："正唯弟子不能学也。"

【译文】
　　孔子说："至于说圣与仁，我怎么敢当？只不过学习从不满足，教导别人从不厌倦，只可说是如此罢了。"公西华说："这正是我们这些学生学不到的。"

【赏析】
　　本节仍是孔子对自己的评价。学习从来不感到厌烦，教导别人从来不感到疲倦，这正是孔子的为人。言之容易，实践起来却是何等困难，从古至今，真正能做到的又有几人？难怪公西华也会发出如此感叹。

【原文】
　　子曰："奢则不孙，俭则固。与其不孙也，宁固。"

【译文】
　　孔子说："奢华就显得不谦逊，俭朴就显得简陋。与其不谦让，宁可简陋。"

【赏析】
　　本节体现了孔子对"奢"与"俭"的态度。"奢"固然是不好的，但"俭"也为孔子所不取，只是相较而言，孔子对"奢"更为反对。

【原文】
　　子曰："君子坦荡荡，小人长戚戚。"

【译文】
　　孔子说："君子胸怀平坦宽阔，小人经常忧愁恐惧。"

【赏析】
　　本节孔子对君子和小人进行了比较。君子与小人，不仅心境不同，生活境界也是不同，君子坦荡而生活无忧，小人则忧虑而生活不安，两相对比，孔子的描述可谓形象而内涵深刻。

泰 伯 第 八

【原文】

子曰："恭而无礼则劳，慎而无礼则葸，勇而无礼则乱，直而无礼则绞。君子笃于亲，则民兴于仁；故旧不遗，则民不偷。"

【译文】

孔子说："只知外表谦恭而并非真正懂礼，就会忧烦不安；只知谨言慎行而并非真正懂礼，就会畏缩不前；只知胆大敢为而并非真正懂礼，就会违法作乱；只知心直口快而并非真正懂礼，就会尖刻伤人。在位君子对亲族感情深厚，老百姓就会走向仁德；对故旧不加遗弃，老百姓就不会对人薄情寡义。"

【赏析】

本节中，孔子强调了礼的重要性。孔子告诉他的学生，无论做什么事，如果失去了礼的约束，就是徒劳甚至会带来祸害的。但如果居高位者以身作则，从上到下形成一股良好的风气，那么将会带动整个社会的进步。

【原文】

曾子有疾，孟敬子问之。曾子言曰："鸟之将死，其鸣也哀；人之将死，其言也善。君子所贵乎道者三：动容貌，斯远暴慢矣；正颜色，斯近信矣；出辞气，斯远鄙倍矣。笾豆之事，则有司存。"

【译文】

曾子生了病，孟敬子来探望他。曾子说："鸟快要死的时候，叫声是悲哀的；人快要死的时候，说出的话是善意的。在上位的君子应在三个方面予以重视：庄重自己的神情，就可以避免别人的粗暴和轻慢；端正自己的脸色，就显得诚实可信；注意说话的言辞和声调，就可以避免粗俗和乖戾。至于礼仪的具体细节，则有主管的人员在那里操持。"

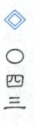

【赏析】

本节中，曾子提出了为人处世应该注意的几个问题。这几个问题主要针对居上位的人而言，告诫人们在待人接物时一定要注意自己的神态、容貌、言辞。

【原文】

曾子曰："以能问于不能，以多问于寡；有若无，实若虚；犯而不校。昔者吾友尝从事于斯矣。"

观器论道　孔子观鲁桓公之庙有欹器焉，曰："吾闻虚则欹，中则正，满则覆，明君以为至戒。"谓弟子注水试之，信然。叹曰："夫物恶有满而不覆者哉！"子路进曰："敢问持满有道乎？"曰："谦而损之又损可也。"

【译文】

曾子说："自己才能高，却向没有才能的人请教；自己学识丰富，却向学识不多的人请教。有才能，却像没有才能的样子；学识很充实，却像学识空虚的样子。别人触犯自己，自己并不与之计较。从前我的一位朋友曾经努力这样做了。"

【赏析】

在本节，曾子对颜回谦虚好学、宽以待人的美德进行了称赞，并对他进行了追念。同时曾子也在告诉人们，应该以颜回为榜样，向他学习。

【原文】

曾子曰："可以托六尺之孤，可以寄百里之命，临大节而不可夺也。君子人与？君子人也！"

【译文】

曾子说："可以托付幼年的孤主，可以把国家政令托他代管，面临生死安危而不动摇屈服。这样的人，可说是君子吗？可说是君子啊！"

【赏析】

　　本节曾子阐述了什么样的人才能称为君子，君子应当具备什么样的才能和品格。曾子在这里所指的君子是处于一定社会地位，任重要官职的人，所以这种人所具有的才与德也应异于常人。

【原文】

　　曾子曰："士不可以不弘毅，任重而道远。仁以为己任，不亦重乎？死而后已，不亦远乎？"

【译文】

　　曾子说："士不能不志向远大、意志坚毅，因为他使命重大，路程遥远。以实行仁德作为自己的使命，不是很重大吗？到死才能罢休，路程不是很遥远吗？"

【赏析】

　　本节曾子阐述了士人即读书人都应该具备刚毅的品格，因为只有具备了这种品格才可以接受重任，才可以不半途而废，才可以实现自己的理想和愿望。

【原文】

　　子曰："民可使由之，不可使知之。"

【译文】

　　孔子说："老百姓可以让他们跟着去做，无法让他们知道为什么要这样做。"

【赏析】

　　本节孔子阐述了对待普通人的态度。这里有其思想的历史局限性。

【原文】

　　子曰："如有周公之才之美，使骄且吝，其余不足观也已。"

【译文】

　　孔子说："即使一个人具有周公那样完美的才能，如果骄傲而吝啬，其余的才能也就不值一看了。"

【赏析】

　　本节孔子指出了骄傲而且吝啬的危害。孔子认为如果一个人具备了这两个缺点，即使再有才能，才能如同周公一般，那也是不可取的。这同时也反映了孔子既重视才能又重视品德的观点。

【原文】

　　子曰："笃信好学，守死善道。危邦不入，乱邦不居。天下有道则见，无道则隐。邦有道，贫且贱焉，耻也；邦无道，富且贵焉，耻也。"

【译文】

　　孔子说："坚定道的信念，努力学习它，誓死固守它。不进入危险的国家，不居留动乱的国家。天下太平，就出来从政；天下不太平，就退隐。国家政治清明，贫贱便是一种耻辱；国家政治黑暗，富贵便是一种耻辱。"

【赏析】

　　本节孔子阐述了立身处世以及进退、荣辱的问题。在孔子眼里，进取是难能可贵的，隐也不失为一种处世方法。安贫乐道固然可贵，但如果在政治清明的世界中仍然贫穷那将是一种耻辱。在这个问题上，我们可以看出孔夫子的大智大慧。

【原文】

　　子曰："不在其位，不谋其政。"

【译文】

　　孔子说："不在这个职位上负责，就不参与这个职位的事务。"

【赏析】

　　本节体现了孔子对做超越自己职能事情的反对。且不说没有干好本职工作，即使做好了，而再去做超越自己职能的事情，那也很有可能会超越职权，于事无补，甚至于添乱。

子罕第九

【原文】

子罕言利，与命与仁。

【译文】

孔子很少去谈利，赞成命，赞成仁。

【赏析】

本节叙述了孔子对待功利、天命、仁德的态度，这里体现了孔子鄙薄功利，敬畏天命，崇尚仁德的思想。

【原文】

达巷党人曰："大哉孔子！博学而无所成名。"子闻之，谓门弟子曰："吾何执？执御乎？执射乎？吾执御矣。"

【译文】

达巷有一个人说："孔子真伟大！学识广博，可惜没有一项用来树立名声的特长。"孔子听到这话，对学生们说："我专攻什么呢？专攻驾车吗？专攻射箭吗？我专攻驾车好了。"

【赏析】

本节说明了孔子是一个非常博学，同时又是一个没有一技之长的人。这又是一个"博"与"专"的问题。通过孔子对达巷党人的认同，说明自己更注重"博"而不是一定非要有一技之长。

匡人解围　孔子去卫适陈，过匡。阳虎尝暴于匡，孔子状类阳虎，匡人拘围五日。弟子惧，孔子曰："文王既没，文不在兹乎？匡人其如予何！"匡人曰："吾初以为鲁之阳虎也。"遂解围。

【原文】

子曰:"麻冕,礼也;今也纯,俭,吾从众。拜下,礼也;今拜乎上,泰也。虽违众,吾从下。"

【译文】

孔子说:"用麻做礼帽,是合乎礼的;现在都改用丝,要节省一些,我随从大众的做法。先在堂下拜两拜,然后升堂拜两拜,这是合乎臣下见君的礼的;现在都只在堂上拜两拜磕头,这太骄纵了。虽然违背了大众的做法,我还是主张先在堂下拜两拜。"

【赏析】

本节阐述了孔子对传统礼制的态度。如何对待传统的制度,一直是古今人们所关注的。是继承,还是摒弃,在这里,孔子给出了自己明确的态度,对其精华应该坚持。

【原文】

子绝四:毋意,毋必,毋固,毋我。

【译文】

孔子绝对不犯四种毛病,做到:不凭空臆测,不绝对肯定,不固执己见,不主观武断。

【赏析】

本节阐述了孔子要杜绝的四个毛病,这既体现了孔子的自我修养,也体现了孔子为人处世的原则。修养仁德,最重要的是要"克己",即不以自己为中心,摒弃私念,保持平和的心态去面对事情。

【原文】

子畏于匡,曰:"文王既没,文不在兹乎?天之将丧斯文也,后死者不得与于斯文也;天之未丧斯文也,匡人其如予何!"

【译文】

孔子在匡邑被围困,说:"文王既已死了,周代的文化传统不是在我这里吗？如果上天要消灭这种文化，我也就不会掌握这种文化了；如果上天不打算消灭这种文化，匡人能将我怎么样？"

【赏析】

本节树立了一个自信的文化传承者的形象。孔子一直以传播礼乐文化来作为自己的使命，自信天不会使礼乐文化失传的，世人也不会把自己怎么样的。孔子就是以这种态度来实现身负的使命而不懈地努力。

杏坛礼乐　孔子归鲁，然鲁终不用，孔子亦不求仕，日坐杏坛，鼓琴，与其徒叙《书》、传《礼》、删《诗》、正《乐》、赞《易》，是杏坛者，为万世立教之首地也。

【原文】

子曰："凤鸟不至，河不出图，吾已矣夫！"

【译文】

孔子说："凤凰不飞来，黄河不出图画，我的命要完结了吧！"

【赏析】

本节是孔子的感叹，感叹世道已经衰乱，礼乐崩坏，大道不存，而自己的主张不被当政者所采纳，内心充满了失望、无奈。

【原文】

颜渊喟然叹曰："仰之弥高，钻之弥坚；瞻之在前，忽焉在后。夫子循循然善诱人，博我以文，约我以礼，欲罢不能。既竭吾才，如有所立卓尔。虽欲从之，未由也已。"

【译文】

颜渊喟然叹道："仰视则越觉得高，钻研则越觉得深；眼看它在前面，却忽然到后边去了。老师善于循序渐进地诱导我们学习，用广博的文化知识充实我们，用礼节来约束我们的行为，让我们想停止学习都不可能。我用尽了才智，好像在老师的精微之道方面有所成就了。但真要想追随它，却又没有道路可寻。"

【赏析】

　　本节是颜回对孔子的称颂,称颂了他令弟子、令世人无可企及的学问与道德,称颂了他循循善诱,不倦教诲学生的精神,言语之中,表达了颜回对孔子的景仰与崇敬,从而也突出了孔子的伟大。

【原文】

　　　　子欲居九夷。或曰:"陋,如之何?"子曰:"君子居之,何陋之有?"

【译文】

　　孔子想移居到九夷去住。有人说:"那里太简陋了,去了那里怎么生活呢?"孔子说:"君子居住在那里,有什么简陋的呢?"

【赏析】

　　本节孔子阐述了环境与人的关系。环境影响人还是人改变环境,一直是古往今来人们所争执不下的问题。孔子认为,一个真正有德行的人,一定能够坚持住自己的操守,不但不为环境所改变,而且还能改变周围的环境,影响周围的社会风气。

【原文】

　　　　子曰:"吾自卫反鲁,然后乐正,《雅》、《颂》各得其所。"

【译文】

　　孔子说:"我从卫国回到鲁国,这以后才把乐章整理好,使已经错乱的《雅》《颂》各自归居于正确的位置。"

【赏析】

　　本节是孔子对整理音乐文献的自述。乐,六艺之一,一向为孔子所重视,不但十分喜欢,而且还有非常深入的研究。修订整理《诗经》便可看出乐在孔子心中的地位。《诗经》后世成为儒家经典之一。

【原文】

　　　　子在川上曰:"逝者如斯夫!不舍昼夜。"

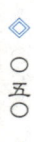

【译文】

　　孔子在河边说:"流逝的时光就像这河水一样啊!日夜不停地奔流向前。"

【赏析】

　　本节是孔子对时光易逝的感叹。时光,古往今来,常令人们有所感叹。无论是英雄豪杰,还是志士仁人,面对时光的流逝,岁月的变幻,生命随之而消逝,无不发出慨叹。作为圣人,孔子也是如此,面对时光如流水般逝去,也只能无可奈何地发出一阵感叹,无可奈何地任其逝去。

在川观水　　夫子在川观水,子贡问曰:"君子见水必观,何也?"孔子曰:"以其不息者,似乎道之流行而无尽矣。水之德若此,是故君子必观焉。"

【原文】

　　子曰:"吾未见好德如好色者也。"

【译文】

　　孔子说:"我没有见过喜爱道德犹如喜爱美色的人。"

【赏析】

　　本节是孔子对道德的阐述。孔子认为,道德并不是像男人喜欢女色那样是一种人的本能活动,而是必须要靠自身的主观努力去追求的,其中也必然要付出一定的艰辛。

【原文】

　　子曰:"譬如为山,未成一篑,止,吾止也。譬如平地,虽覆一篑,进,吾往也。"

【译文】

　　孔子说:"好比堆土造山,只差一筐土便成山了,停止不做,这是自己主动停止的。又好比填平面,尽管刚倒下一筐土,要继续往下倒,还得自己坚持下去。"

【赏析】

　　本节孔子为了说明"仁者由己"这一道理，用了堆土为山的比喻。无论是功亏一篑还是只覆一篑还能前进都取决于自己，都是自己造成的。学习和修养也都是如此，都是靠自觉来完成的，外界不是关键决定因素。

【原文】

　　子曰："后生可畏，焉知来者之不如今也？四十、五十而无闻焉，斯亦不足畏也已。"

【译文】

　　孔子说："年轻人是可敬畏的，怎么知道后一辈将来赶不上现在一辈呢？一个人到了四五十岁还没有什么声望，也就不值得敬畏了。"

【赏析】

　　本节既是孔子对年轻人的称赞，对他们的将来充满了信心和希望，同时也是对年轻人的勉励，勉励他们要珍惜时光，要树立理想，奋发向上，以使自己成就一番事业。殷切希望与寄托体现在诚挚言语之中。

【原文】

　　子曰："法语之言，能无从乎？改之为贵。巽与之言，能无说乎？绎之为贵。说而不绎，从而不改，吾末如之何也已矣。"

【译文】

　　孔子说："合乎原则的告诫，能不听从吗？听了后改正自己的错误才可贵。恭顺赞美的话，听了能不高兴吗？对它冷静进行分析才可贵。只顾高兴而不加分析，表面听从而不真心悔改，对这种人我是没有法子的。"

【赏析】

　　本节孔子阐述了如何正确对待批评与表扬。对待错误，能做到知错就改是可贵的；对待表扬，听了顺耳的话，也要加以认真分析，这也是可贵的。无论对待什么样的话语，都要有勇气和清醒的头脑。

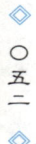

【原文】

　　　　　子曰："三军可夺帅也，匹夫不可夺志也。"

【译文】

　　孔子说："一国的军队，可以夺去他的主帅；一个男子汉，不能强迫他放弃志向。"

【赏析】

　　本节是孔子对崇高人格的赞赏，同时也是对大家要守志不移的勉励。一个人的精神思想对于一个人的修养与成就是至关重要的，是一个人做人的根本，即使将来肉体已遭摧毁，但他的气节、精神是无法受到摧毁的，他的精神将永存人间。

【原文】

　　　　　子曰："岁寒，然后知松柏之后凋也。"

【译文】

　　孔子说："天寒了，才知道松柏是最后落叶的。"

【赏析】

　　本节是孔子对松柏的称赞，同时也是对那些意志坚强、品德崇高之人的称赞。经过风霜，才知道松柏之顽强，经过忧难祸患，才知道人品德的高尚纯洁，一切事物，都在考验中得以验证。

【原文】

　　　　　子曰："知者不惑，仁者不忧，勇者不惧。"

【译文】

　　孔子说："聪明人没有疑惑，仁德的人没有忧虑，勇敢的人没有畏惧。"

【赏析】

　　本节是孔子对智者、仁者、勇者三种人不同特性的分析总结。一个人，天生资质不同，世界观不同，对人情事物的体验也不同。因此，面对同一事物，他的表现也不尽相同。

乡党第十

【原文】

孔子于乡党，恂恂如也，似不能言者。

【译文】

孔子在家乡，非常恭顺，好像不大会讲话的样子。

【原文】

其在宗庙朝廷，便便言，唯谨尔。

【译文】

孔子在宗庙和朝廷上，他说话明白流畅，只是很恭谨。

【赏析】

以上两节主要记述了孔子在不同场合言行举止的不同表现。说明人的言行举止除了与身份相符之外，仍要随着时间、场合的改变而及时做出调整，以便收放有度，进退自如。

【原文】

朝，与下大夫言，侃侃如也；与上大夫言，訚訚如也。君在，踧踖如也，与与如也。

【译文】

孔子上朝的时候，同下大夫交谈，温和而愉快；同上大夫交谈，和悦而中正。国君在朝的时候，他显出恭敬紧张的样子，行步舒缓而仪容得体。

【赏析】

此节记述了孔子在上朝时与不同身份的人交谈时的情态。同一场合，孔子面对下大夫、上大夫，乃至国君时，却因对象不同而态度随之不同，这是因为孔子深知君臣有别、尊卑有别的礼仪呀！

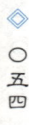

【原文】

　　入公门，鞠躬如也，如不容。立不中门，行不履阈。过位，色勃如也，足躩如也，其言似不足者。摄齐升堂，鞠躬如也，屏气似不息者。出，降一等，逞颜色，怡怡如也。没阶趋进，翼如也。复其位，踧踖如也。

【译文】

　　孔子进入朝廷的门，谨慎恭敬，好像不能自容一样。站立，从不停在门的中间；走路，不踩门坎。经过国君的座位，神色庄重严肃，脚步逡巡小心，说话好像不能尽吐的样子。牵衣登阶升堂时，谨慎恭敬，屏住气好像不能呼吸一般。出来时，降下一级台阶，面色轻松，怡然舒畅。走完台阶，便恭敬端正地疾步向前。回到自己的位置，一副恭敬紧张的样子。

敬入公门　入公门，鞠躬如也，如不容。

【赏析】

　　此节主要记述孔子在面见君王时的举止神态。着重描写了其在觐见国君前后的动作、神态，尤其表现在神色表情以及脚下步法的变化，可谓细致入微、惟妙惟肖。另一方面也显示了孔子的正容谦恭，笃诚有矩。

【原文】

　　斋，必有明衣，布。斋，必变食，居必迁坐。

【译文】

　　斋戒沐浴，一定有浴衣，是用布做的。在斋戒的日子，一定改变平时的饮食，居处也要更换房室。

【赏析】

　　此节记述孔子在斋戒时的生活方式，即要食素、沐浴、静处。斋戒虽然只是个仪式，但体现的则是内心的笃诚，因为食素意在保持生命的平和自然，沐浴体现灵魂的圣洁，静处则重在去除杂念，修身养性。

【原文】

　　食不厌精，脍不厌细。食饐而餲，鱼馁而肉败，不食。色恶，不食。臭恶，不食。失饪，不食。不时，不食。割不正，不食。不得其酱，不食。肉虽多，不使胜食气。唯酒无量，不及乱。沽酒市脯，不食。不撤姜食，不多食。祭于公，不宿肉。祭肉不出三日。出三日，不食之矣。食不语，寝不言。虽疏食菜羹，瓜祭，必齐如也。

【译文】

　　饭食不贪吃精粹，肉不贪吃细美。饭食馊臭了，鱼和肉腐烂了，都不能吃。食物颜色难看，不吃。气味难闻，不吃。火候不当，不吃。不到该吃的时间，不吃。不按正确方法割的肉，不吃。没有合适的调味酱，不吃。席上肉虽然很多，吃的量不超过主食。只有酒不加限量，但不至饮醉。市上买来的酒和肉干，不吃。吃完了，姜不从席上撤除，但不多吃。参加国家的祭祀，把带回家的祭肉不过夜就分下去。家祭用的祭肉留存不超过三天。过了三天的祭肉，不再食用。吃饭时不说话，睡下后不言语。即使粗饭、菜汤、瓜类，吃前也一定要先拨出一点祭一祭，而且一定要像斋戒一样恭敬认真。

【赏析】

　　此节主要记述孔子对饮食的讲究和生活习惯，并着重提出注意对祭肉的保鲜食用以及认真对待饭前的祭祀。这也告诉我们：高尚的道德修养就是从平凡的生活中一点一滴积累起来的。注重小节，才能保持大节不受玷污；小事精细，大事必定谨严诚敬；能勤细微，必致大功。

【原文】

　　乡人饮酒，杖者出，斯出矣。乡人傩，朝服而立于阼阶。

【译文】

参加举行乡饮酒礼,要等老人都出去了,自己才会出去。本乡人举行驱逐疫鬼的仪式,孔子必定穿上朝服站在东边的台阶上。

【赏析】

此节主要记述孔子在参加乡饮酒礼和迎神驱鬼的仪式时的行为举止。让老人先走反映孔子尊敬老人,待人有礼。穿朝服站在东面的台阶上是孔子敬重鬼神的具体表现。

【原文】

厩焚。子退朝,曰:"伤人乎?"不问马。

【译文】

孔子家的马棚失火了。孔子退朝回来,问道:"伤人了吗?"并不问马的损失情况。

【赏析】

马棚失火,关心人而不关心马,反映了孔子对待意外灾祸的态度,即重人轻物,同时也反映出对人的生命的珍视和关爱。

【原文】

朋友死,无所归,曰:"于我殡。"朋友之馈,虽车马,非祭肉,不拜。

【译文】

朋友死了,没人收殓,孔子说:"丧事由我负责。"朋友的赠品,即使是贵重的车马,只要不是祭肉,孔子接受时都不行拜礼。

【赏析】

此节主要记述孔子与朋友的交往与交情。主动料理朋友丧事,说明孔子对朋友有情有义,一如继往;接受赠品而不拜,表现孔子与朋友交往把握礼节的一种尺度。

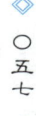

先进第十一

【原文】

子曰:"先进于礼乐,野人也;后进于礼乐,君子也。如用之,则吾从先进。"

【译文】

孔子说:"先学习礼乐而后获得爵禄的是庶民百姓,生来就有世袭爵禄后来才学点礼乐的是传统的君子。如果要选用人才,我就选用先学习礼乐的人。"

【赏析】

本节主要讲述的是孔子的用人观。选择人才的标准,即学习礼乐、懂得礼乐就是其用人观,也即为官从政的基本标准和前提条件。通过此事,我们从侧面也可以看出孔子对礼乐的重视程度。

【原文】

子曰:"从我于陈、蔡者,皆不及门也。"德行:颜渊、闵子骞、冉伯牛、仲弓。言语:宰我、子贡。政事:冉有、季路。文学:子游、子夏。

【译文】

孔子说:"跟随我在陈、蔡受难的人,现在都不在我这里了。"学生中以德行见长的:颜渊、闵子骞、冉伯牛、仲弓。以辞令见长的:宰我、子贡。以办理政事见长的:冉有、季路。以熟悉古代文献见长的:子游、子夏。

圣门四科 德行:颜渊、闵子骞、冉伯牛、仲弓;言语:宰我、子贡;政事:冉有、季路;文学:子游、子夏。

【赏析】

本节讲述孔子追忆往事，怀念当年在陈、蔡与他一起共患难的学生，以及从德行、言辞、理政、文采四个方面介绍了孔子十个学生的特长。此事告诉我们：人各有所长，谁也不可能成为全才，只要在某一方面特别突出，就是人才。

【原文】

子曰："回也非助我者也，于吾言无所不说。"

【译文】

孔子说："颜回不是对我有什么实际帮助的人，可他对我说的话没有不心悦诚服的。"

【赏析】

本节通过孔子委婉地指出颜回的不足，表明了希望别人批评指正的态度，同时也是在告诫我们：伟人之所以伟大，就在于能够容纳与自己见解相反的意见；唯唯诺诺只会贻误事业。

【原文】

子曰："孝哉闵子骞！人不间于其父母昆弟之言。"

【译文】

孔子说："闵子骞真是孝顺啊！别人对于他父母兄弟称赞他的话完全同意。"

【赏析】

本节是孔子对闵子骞孝行的称赞。这里也从侧面告诫我们：做人处事，要有主见，不可轻信他人；同时还应加强自身修养，时时处处谨言慎行，中伤之语勿传，是非之言勿听。

【原文】

季康子曰："弟子孰为好学？"孔子对曰："有颜回者好学，不幸短命死矣，今也则亡。"

【译文】

季康子问道:"你的学生中谁最好学?"孔子回答说:"有个叫颜回的最好学,不幸夭折了,现在可没有这样的人了。"

【赏析】

本节通过对季康子与孔子问答的记述,表明了孔子对颜回好学的称赞以及对其英年早逝的叹惜。真可谓天妒英才,自古大才多短命。

商羊知雨　齐有一足鸟飞集于公朝,舒翅而跳。齐侯怪之,使使问孔子。子曰:"此鸟名商羊,水祥也。昔童儿屈脚挑肩而跳,且谣曰:'天将大雨,商羊鼓舞。'今齐有之,其应至矣,急告民治渠修堤。"顷之,大雨,水溢,诸国伤害,唯齐有备免。

【原文】

颜渊死,颜路请子之车以为之椁。子曰:"才不才,亦各言其子也。鲤也死,有棺而无椁。吾不徒行以为之椁。以吾从大夫之后,不可徒行也。"

【译文】

颜渊死了,他父亲颜路请求孔子把坐车卖了,给颜渊做一个外椁。孔子说:"不管有才能还是没才能,也都是各自的儿子。我的儿子鲤死了,只有棺没有椁。我不能步行来替他弄一个椁。因为我还属于大夫之列,是不能步行的。"

【赏析】

本节通过孔子以自己子死而不能卖车置椁来教导颜路亦不该为儿子卖车置椁,表明孔子对其贵族身份、立场的看重和维护,从侧面也反映出,所谓大夫不可以步行,也是当时的礼制。

【原文】

颜渊死。子曰:"噫!天丧予!天丧予!"

【译文】

颜渊死了。孔子说:"唉!老天要我的命呀!老天要我的命呀!"

【赏析】

　　本节主要记述了孔子在得知颜渊死后所发出的无限感叹，表明了孔子对颜渊早夭的悲痛。

【原文】

　　颜渊死，子哭之恸。从者曰："子恸矣！"曰："有恸乎？非夫人之为恸而谁为？"

【译文】

　　颜渊死了，孔子哭得十分伤心。跟随的人说："您太伤心了！"孔子说："太伤心了吗？我不为这个人伤心又为谁伤心呢？"

【赏析】

　　本节通过对孔子因颜渊之死过度伤心的记述，表明了自己的忧伤之情，从侧面也反映了孔子对颜渊本人的深情厚爱。

【原文】

　　颜渊死，门人欲厚葬之。子曰："不可。"门人厚葬之。子曰："回也视予犹父也，予不得视犹子也。非我也，夫二三子也。"

【译文】

　　颜渊死了，孔子的学生们要隆重地为他下葬。孔子说："不可以。"学生们最终隆重地为他下了葬。孔子说："回呀，你把我当父亲看待，这次我却无法把你当儿子看待。不是我要这样做，是这些学生要这样做。"

【赏析】

　　本节讲述孔子与颜渊情同父子，然而颜渊死后，孔子却反对对他厚葬。孔子通过此事告诉我们：丧葬规格高低，礼仪是否隆重，祭品致献厚薄，并不是实质，无需虚浮的形式，只需出于至诚。

【原文】

　　季路问事鬼神。子曰："未能事人，焉能事鬼？"曰："敢问死。"曰："未知生，焉知死？"

【译文】

　　子路问如何侍奉鬼神。孔子说:"活人尚不能侍奉好,哪能去侍奉鬼?"子路又说:"冒昧问死是怎么回事。"孔子说:"生都弄不清楚,又怎能知道死呢?"

【赏析】

　　本节通过对季路与孔子问答的记述,表明孔子关注现实以及对鬼神敬而远之的态度,同时也告诉了我们如何对待生死的态度。

【原文】

　　闵子侍侧,誾誾如也;子路,行行如也;冉有、子贡,侃侃如也。子乐。"若由也,不得其死然。"

【译文】

　　闵子骞侍立孔子身边,恭敬正直的样子;子路,刚强的样子;冉有、子贡,温和而愉快的样子。孔子非常高兴,但说了一句:"像仲由那样,恐怕不得善终。"

【赏析】

　　本节描绘了孔子与众弟子平日相处的一个片断,着重描写了闵子骞、子路、冉有、子贡一旁侍坐的仪容神态,其间透着浓浓的师生之情。末句对仲由不得善终的告诫表明孔子不仅爱护学生,并且深深地了解学生。

【原文】

　　子贡问:"师与商也孰贤?"子曰:"师也过,商也不及。"曰:"然则师愈与?"子曰:"过犹不及。"

【译文】

　　子贡问道:"颛孙师与卜商,谁强一些呢?"孔子说:"颛孙师有些过分,卜商有些不足。"子贡又说:"那么颛孙师要强一些吗?"孔子说:"过分和不足同样是不行的。"

【赏析】

　　此节通过对子贡与孔子问答的描写,记述了孔子"过犹不及"的著名论断。同时此事也告诫我们做人处世要把握好限度,过犹不及。

【原文】

季氏富于周公，而求也为之聚敛而附益之。子曰："非吾徒也，小子鸣鼓而攻之可也。"

【译文】

季氏比周公还富有，为他担任家臣的冉求却帮他搜刮民财以增加财富。孔子说："冉求不是我们一伙志同道合的人，你们可以大张旗鼓去声讨他。"

【赏析】

本节通过对孔子批评冉求为季氏搜刮民财一事的记述，表明孔子对冉求这一行径的深恶痛绝，以至号召大家可以群起而攻之，愤慨之情可见一斑。

观象知雨　孔子行，命弟子持雨具，已而果雨。弟子问曰："何以知之？"子曰：《诗》不云乎：'月离于毕，俾滂沱矣。'昨暮月不宿毕乎，是以知之。"

【原文】

子曰："回也其庶乎，屡空。赐不受命，而货殖焉，亿则屡中。"

【译文】

孔子说："颜回的修养算是可以了吧？却常常穷困不堪。端木赐不安于命运而偏偏去经商，而货财不断增加，猜测生意行情却每每成功。"

【赏析】

积极地谋取人生，还是被动顺应地生活，颜回和子贡为我们作了诠释。本节通过对颜回和子贡的对比，客观地指出两人不同的人生观和各自的生活状态。然而孔子对此却不偏不倚，既赞许颜回的学问道德，也欣赏子贡的聪明才智。

【原文】

子张问善人之道。子曰："不践迹，亦不入于室。"

【译文】

　　子张问作为善人的准则。孔子说:"善人不用踩着前人的脚印走,不过他的修养也不能达到最高的境界。"

【赏析】

　　本节通过对子张与孔子问答"善人之道"的描写,对善人的表现做了深入地剖析,意在强调学习的重要性。

【原文】

　　子曰:"论笃是与,君子者乎?色庄者乎?"

【译文】

　　孔子说:"言论笃实的人可以称他为善人。这种人到底是真君子呢?还是装模作样的伪君子呢?"

【赏析】

　　本节通过对具有言论笃实表现的两种人的反问,告诫我们认识一个人不能被他的言谈所迷惑,要透过现象看本质。

【原文】

　　子路问:"闻斯行诸?"子曰:"有父兄在,如之何其闻斯行之?"冉有问:"闻斯行诸?"子曰:"闻斯行之。"公西华曰:"由也问'闻斯行诸',子曰'有父兄在';求也问'闻斯行诸',子曰'闻斯行之'。赤也惑,敢问。"子曰:"求也退,故进之;由也兼人,故退之。"

【译文】

　　子路问孔子:"听了后就去实行吗?"孔子说:"父兄还活着,怎么能听了就去实行呢?"冉有也问:"听了后就去实行吗?"孔子说:"听了就去实行。"公西华对孔子说:"仲由问'听了就去实行吗',您说'父兄还活着';冉求问'听了就去实行吗',您说'听了就去实行'。我感到不解,冒昧来问个明白。"孔子说:"冉求临事退缩,所以给他以鼓励;子路好强争胜,因此使他谦退。"

【赏析】

　　本节通过对孔子向公西华解释同样问题为何回答不同的记述，向我们表明了孔子因材施教的具体表现，同时也告诫我们要唯义所在，勇于践行。

【原文】

　　子畏于匡，颜渊后。子曰："吾以女为死矣。"曰："子在，回何敢死！"

【译文】

　　孔子被围困在匡，颜渊最后才赶到。孔子说："我以为你已经死了。"颜渊说："您还活着，我怎么敢死呢！"

【赏析】

　　本节通过对孔子与颜渊对话的记述，把老师对学生的担心和牵挂，以及学生对老师的忠贞诚挚的态度表现得淋漓尽致，可见他们师生之间的深厚情意。

【原文】

　　季子然问："仲由、冉求可谓大臣与？"子曰："吾以子为异之问，曾由与求之问。所谓大臣者，以道事君，不可则止。今由与求也，可谓具臣矣。"曰："然则从之者与？"子曰："弑父与君，亦不从也。"

【译文】

　　季子然问孔子："仲由、冉求可以算得上大臣吗？"孔子说："我以为你问的是别人，原来问的是仲由和冉求。所谓大臣，应当依据道义来侍奉君主，如果行不通就辞职不干。至于现在的仲由与冉求，可以说是能干的办事之臣吧！"季子然又问："那么，他们会完全服从君主吗？"孔子说："杀害父亲或国君这种事，他们也是不会服从的。"

【赏析】

　　本节通过对季子然与孔子问答的记述，表明了孔子对仲由、冉求未能尽为臣之责的批评，同时也告诫我们：以道事君，用之则行，舍之则藏，不可则止，才是真正的大臣。

【原文】

子路、曾皙、冉有、公西华侍坐。子曰:"以吾一日长乎尔,毋吾以也。居则曰:'不吾知也!'如或知尔,则何以哉?"子路率尔而对曰:"千乘之国,摄乎大国之间,加之以师旅,因之以饥馑,由也为之,比及三年,可使有勇,且知方也。"夫子哂之。"求!尔何如?"对曰:"方六七十,如五六十,求也为之,比及三年,可使足民。如其礼乐,以俟君子。""赤!尔何如?"对曰:"非曰能之,愿学焉。宗庙之事,如会同,端章甫,愿为小相焉。""点!尔何如?"鼓瑟希,铿尔,舍瑟而作,对曰:"异乎三子者之撰。"子曰:"何伤乎?亦各言其志也。"曰:"莫春者,春服既成,冠者五六人,童子六七人,浴乎沂,风乎舞雩,咏而归。"夫子喟然叹曰:"吾与点也!"三子者出,曾皙后。曾皙曰:"夫三子者之言何如?"子曰:"亦各言其志也已矣。"曰:"夫子何哂由也?"曰:"为国以礼,其言不让,是故哂之。""唯求则非邦也与?""安见方六七十如五六十而非邦也者?""唯赤则非邦也与?""宗庙会同,非诸侯而何?赤也为之小,孰能为之大?"

【译文】

子路、曾皙、冉有、公西华陪同孔子坐着。孔子说:"由于我年纪比你们大一点,你们不要因此而在我面前感到拘束。你们平时老说'没有人了解我啊',如果有人了解你们,你们将怎么办呢?"

子路不加思索地答道:"拥有一千辆兵车这样规模的国家,夹在几个大国之间,外面有军队入侵,国内又碰上灾荒。如果让我来治理,等到三年时间,可以使人人恢复勇气,并且懂得道理。"孔子对他微微一笑。

孔子又问:"冉求,你怎么样?"冉求回答:"方圆六七十里或五六十里的小国家,如果由我来治理,等到三年,可以使人人富足。至于礼乐教化,只有等贤人君子来推行了。"

孔子又问:"公西赤,你怎么样?"公西赤回答:"不敢说我有什么本事,我愿意在这方面学习:国君有祭祀的事情或者同诸侯盟会,我穿着礼服,戴着礼帽,做一个小司仪。"

孔子又问:"曾点,你怎么样?"曾皙弹瑟正近尾声,便铿地一声将瑟放

四子侍坐　子路曾皙冉有公西华侍坐,子曰:"盍各言尔志。"三子以富强摈相对,独点有春风沂水之趣。夫子喟然叹曰:"吾与点也。"

下,站起来说:"我的志向和三位所讲的不同。"孔子说:"有何妨碍呢?也不过是各人谈谈自己的志向罢了。"曾皙说:"暮春时节,春装已经穿定了,我约上五六位成年人,六七位小孩,在沂水边洗洗澡,在舞雩台上吹吹风,一路唱着歌回来。"孔子长叹一声说:"我赞同曾点的志向呀!"

其他三人都出去了,曾皙后走。曾皙问孔子说:"那三位同学的话怎么样?"孔子说:"也不过各人谈谈自己的志向罢了。"曾皙又问:"您为什么对仲由那样微微一笑呢?"孔子说:"治国要讲礼让。他的话一点也不谦虚,所以我笑了他。"曾皙又问:"莫非冉求所讲的不是国家之事吗?"孔子说:"哪里有方圆六七十里或者五六十里还不算国家的呢?"曾皙又问:"公西赤所讲的不是国家之事吗?"孔子说:"有宗庙,有诸侯间的盟会,不是国家之事又是什么? 如果公西赤只能做小司仪,谁又能做大司仪呢?"

【赏析】

本节主要是对子路、曾皙、冉有、公西华四名学生围坐在孔子身边,畅谈各自理想抱负的描写。那平等自由的师生关系,其乐融融的谈话气氛,无不使我们为之神往。与此同时,从孔子对子路、冉有、公西华三人的理想和抱负上,我们也可以看出孔子的治国主张与政治理想。

颜渊第十二

【原文】

颜渊问仁。子曰:"克己复礼为仁。一日克己复礼,天下归仁焉。为仁由己,而由人乎哉?"颜渊曰:"请问其目。"子曰:"非礼勿视,非礼勿听,非礼勿言,非礼勿动。"颜渊曰:"回虽不敏,请事斯语矣。"

【译文】

颜渊问孔子什么是仁。孔子说:"约束自己,使言行都符合礼的要求,这就是仁。只要哪天做到这样了,天下的人都会认为你是仁人了。修养仁德全靠自己,哪能靠别人呢?"颜渊说:"请问修养仁德具体的细节。"孔子说:"不合乎礼的事不看,不合乎礼的话不听,不合乎礼的话不说,不合乎礼的事不做。"颜渊说:"我虽然迟钝,也要依您这话去做。"

克复传颜　颜渊问仁,子曰:"克己复礼为仁。一日克己复礼,天下归仁焉。为仁由己,而由人乎哉!"颜渊曰:"请问其目。"子曰:"非礼勿视,非礼勿听,非礼勿言,非礼勿动。"颜渊曰:"回虽不敏,请事斯语矣。"

【赏析】

本节阐述了孔子对仁的内涵的理解及如何通过自己的行为来实现仁德。仁就是通过对自身的约束而使自己的行为合乎礼仪的要求,从而不做非礼之事。

【原文】

仲弓问仁。子曰:"出门如见大宾,使民如承大祭。己所不欲,勿施于人。在邦无怨,在家无怨。"仲弓曰:"雍虽不敏,请事斯语矣。"

受鱼致祭　孔子适楚，渔人献鱼，不受。渔人曰："天暑，必弃之，不如献之君子。"于是再拜，受之，使弟子扫地享祭。门人曰："彼将弃之，夫子祭之，何也？"子曰："吾闻惜其腐馀而欲以务施者，仁人之偶也。恶有受人之馈而不祭者乎？"

【译文】

仲弓问什么是仁。孔子说："出门就像接待贵宾一样敬慎，役使百姓就像承当大祭典一样严肃。自己所不喜欢的，不要强加给别人。在诸侯之国做官无所怨恨，在卿大夫家管事也无所怨恨。"仲弓说："我虽然迟钝，也要依您说的去做。"

【赏析】

本节阐述了孔子对到达仁的境界所提出的具体要求，即不仅在行为上要能够平等待人，温良恭俭，更应该在心里常怀仁德慈爱之心，做到思想与行为的统一，在邦则可政通人和，居家则可笃亲睦邻，远人敬服，近者效仿。

【原文】

司马牛问仁。子曰："仁者，其言也讱讱。"曰："其言也讱，斯谓之仁已乎？"子曰："为之难，言之得无韧乎？"

【译文】

司马牛问什么是仁。孔子说："仁人，他的言语迟钝。"司马牛说："言语迟钝，这就叫仁了吗？"孔子说："做起来不容易，说起来能不迟钝吗？"

【赏析】

本节孔子针对司马牛"多言而躁"的缺点，再一次地劝导他说话要谨慎。言语谨慎的人做事也必然谨慎，谨言慎行是君子必须具备的品德之一。

【原文】

司马牛问君子。子曰："君子不忧不惧。"曰："不忧不惧，斯谓之君子已乎？"子曰："内省不疚，夫何忧何惧？"

【译文】

司马牛问怎样成为一个君子。孔子说："君子不忧愁，不畏惧。"司马牛说："不忧愁，不畏惧，这就可以叫作君子了吗？"孔子说："心中反省自己而没有愧疚，还有什么忧愁和畏惧呢？"

【赏析】

"内省不疚，夫何忧何惧？"这是孔子对心怀坦荡、问心无愧的君子的总结。君子内心光明磊落，无愧于人，无憾于天地，自然能够得到世人的尊重。

【原文】

司马牛忧曰："人皆有兄弟，我独亡。"子夏曰："商闻之矣：'死生有命，富贵在天。'君子敬而无失，与人恭而有礼，四海之内，皆兄弟也。君子何患乎无兄弟也？"

【译文】

司马牛担忧地说："别人都有兄弟，唯独我没有。"子夏说："我听说过：'死生由命运主宰，富贵由上天安排。'君子只要做事严肃认真，没有过失，对待别人谦恭而有礼节，那么，天下的人都是你的兄弟。君子何必担忧没有兄弟呢？"

【赏析】

本节是子夏劝慰司马牛的一段话，"四海之内皆兄弟"是其论述的重点。君子做事严谨而没有过错，对待他人恭敬而有礼节，自然能赢得天下人的尊敬和爱戴，有了众人的拥护，何惧没有兄弟呢？

命赐存鲁　齐田常欲作乱，先伐鲁，孔子闻之，谓门弟子曰："夫鲁，坟墓所处，父母之国，危如此，二三子何为莫出？"子贡请行，游说列国，卒之存鲁、乱齐。孔子曰："夫其乱齐、存鲁，吾之初愿，若强晋以敝吴，使吴亡而越霸者，赐之说也。美言伤信，慎言哉！"

【原文】

子贡问政。子曰:"足食,足兵,民信之矣。"子贡曰:"必不得已而去,于斯三者何先?"曰:"去兵。"子贡曰:"必不得已而去,于斯二者何先?"曰:"去食。自古皆有死,民无信不立。"

【译文】

子贡问如何治理政事。孔子说:"备足粮食,充足军备,让百姓对政府产生信任就行了。"子贡又问:"如果迫不得已要去掉一项,在粮食、军备和百姓的信任这三者之中先去掉哪一项呢?"孔子说:"去掉军备。"子贡又问:"如果迫不得已还要去掉一项,在粮食与百姓的信任二者之中先去掉哪一项呢?"孔子说:"去掉粮食。自古以来,是人都难免一死,但如果百姓对政府没有信任,国家就无法存在了。"

子贡辞行　子贡为信阳宰,将行,辞于孔子。子曰:"勤之慎之,奉天之时,无夺无伐,无暴无盗。"又曰:"治官莫若平,临财莫若廉,廉平之守不可改也。言人之善,若己有之;言人之恶,若己受之。故君子无所不慎焉。"

【赏析】

本节阐述了孔子的治国方略。自古以来,粮食、国防、信义都是一个国家赖以生存的基本所在。在此,孔子强调了信义的重要性,没有取得人民的信任就得不到人民诚心的拥护,没有人民拥护就无从谈国家的政治是否清明了,更无所谓富国强兵了。

【原文】

棘子成曰:"君子质而已矣,何以文为?"子贡曰:"惜乎!夫子之说君子也。驷不及舌。文犹质也,质犹文也。虎豹之鞟犹犬羊之䩜。"

【译文】

棘子成对子贡说:"君子只要有好的本质就行了,要那些礼仪文饰干什么？"子贡说："先生这样地谈论君子，真令人可惜啊！一言既出，驷马难追。本质和文饰，两者同样地重要。如果把虎豹和犬羊两种兽皮不同文采的毛色花纹去掉，那么这两种皮革就没有多少区别了。"

【赏析】

本节论述了文与质的关系，即内在的品质与外在的形式之间的关系，指出了文与质同等的重要。如果没有礼节、仪式这些外在的形式，作为君子美好的品德和质朴的内心又该如何体现呢？

【原文】

哀公问于有若曰："年饥，用不足，如之何？"有若对曰："盍彻乎？"曰："二，吾犹不足，如之何其彻也？"对曰："百姓足，君孰与不足？百姓不足，君孰与足？"

【译文】

哀公向有若问道："收成不好，国家用度不够，应该怎么办呢？"有若回答说："何不实行十分抽一的税率呢？"哀公说："十分抽二，我还感到不足，怎么能十分抽一呢？"有若回答说："如果百姓富足了，君主会跟谁受累而不富足呢？老百姓不富足，君主会跟谁沾光而富足呢？"

【赏析】

本节有若向哀公阐述了君与民的关系，指出了治国之要，首在富民。聚敛搜刮，只能激起民怨，唯有轻徭薄赋才能国富民强，天下大治。取之有法，用之有度，人民富足了，君主的政权也就巩固了。

【原文】

齐景公问政于孔子。孔子对曰："君君，臣臣，父父，子子。"公曰："善哉！信如君不君，臣不臣，父不父，子不子，虽有粟，吾得而食诸？"

【译文】

齐景公向孔子问如何治理国家。孔子回答说："国君要守君道，臣下要守臣道,父亲要守父道,儿子要守子道。"景公说:"太对了!假如国君不守君道,臣下不守臣道,父亲不守父道,儿子不守子道,即使有粮食,我能吃得上吗?"

【赏析】

本节阐述了伦常秩序在治理国家、稳定社会中的重要作用。封建的伦理道德是封建社会秩序的基础,上下有序,尊卑有位,贵贱有礼的伦常是维护政治统治的重要保障。

【原文】

子曰:"听讼,吾犹人也。必也使无讼乎!"

【译文】

孔子说:"审理诉讼,我和别人没什么不同。能不能一定让人们没有诉讼呢。"

泰山问政　孔子适齐,过泰山,闻妇人哭而哀。曰:"此一似重有忧者。"使子贡问之,妇人曰:"昔舅死于虎,夫与子亦然。"子贡曰:"何不去?"妇人曰:"无苛政。"子贡以告,子曰:"苛政猛于虎也。"

【赏析】

孔子指出没有诉讼,才是最理想的状态。从这一观点可以看出圣人与普通人的不同,普通人只要做到不犯法或是严格执法就算是好子民,好官员,但圣人想的却是一个更加清平的世界,即没有刑法诉讼,人们都具有良好的品德和行为,再也没有作奸犯科的事情发生。即孔子在此强调了道德教化,防患于未然的作用。

【原文】

子张问政。子曰:"居之无倦,行之以忠。"

【译文】

子张问为政之道。孔子说:"在位尽职不要厌倦懈怠,执行政令要出自忠心。"

【赏析】

本节孔子阐述了为官之道在于勤勉、忠诚。他提出为人父母官者,必须时时刻刻不断勉励自己,不使政务废弛,不使案件积累;同时还要不偏不倚,中正不私的将政令加以执行。只有这样,才是勤政爱民的好官。

【原文】

子曰:"君子成人之美,不成人之恶。小人反是。"

【译文】

孔子说:"君子助成别人的好事,不助成别人的坏事。小人与这相反。"

【赏析】

本节孔子从待人的角度分析了君子与小人的不同。在日常生活中,我们应该学习君子关心他人,希望他人朝好的方向发展的美好情操,帮助他人、善待他人;相反地,应该摒弃小人那种与人为恶,破坏他人的恶习。

【原文】

季康子问政于孔子。孔子对曰:"政者,正也。子帅以正,孰敢不正?"

【译文】

季康子向孔子问为政之道。孔子回答说:"政,就是公正。您带头端正自己,谁还敢不端正呢?"

【赏析】

本节孔子向季康子讲述了为政之道。孔子认为:为政之道首先要端正自身的行为,因为上行下效的作用是很可怕的。身为执政者,只有自身的行为端正了,政令才能通行无阻。这里强调了领导人的表率作用。

【原文】

季康子患盗,问于孔子。孔子对曰:"苟子之不欲,虽赏之不窃。"

【译文】

季康子以盗贼太多为患,向孔子询问对策。孔子回答说:"假若您自己不贪求财货,即使奖励他们偷盗,他们也不会干。"

【赏析】

　　孔子认为季康子贪财聚货本身就是盗贼猖獗的原因，因此他劝诫季康子要自律，要通过自身的节俭恭行来感化子民从而达到肃清盗贼的目的。这里同样强调的是上行下效的作用。

【原文】

　　季康子问政于孔子曰："如杀无道，以就有道，何如？"孔子对曰："子为政，焉用杀？子欲善，而民善矣。君子之德风，小人之德草，草上之风，必偃。"

【译文】

　　季康子向孔子请教为政之道，说："假如杀掉坏人，以成就好人，怎么样？"孔子回答说："您治理国家，为什么要杀戮呢？您想让人从善，那么老百姓也就会从善了。在位者的德行好比风，老百姓的德行好比草，草遇到风一吹，必定会随风倒。"

【赏析】

　　本节充分地体现了孔子的德治思想。他将君主与臣民之间的关系比喻为风吹草倒的这种理论，实质上就是劝告季康子，必须通过自身的美好言行来带动全国人民形成一种道德风尚，从而移风易俗，而并非靠严酷的刑罚来强制实施政治统治。这一点也正是儒家与法家的根本区别。

【原文】

　　子张问："士何如斯可谓之达矣？"子曰："何哉，尔所谓达者？"子张对曰："在邦必闻，在家必闻。"子曰："是闻也，非达也。夫达也者，质直而好义，察言而观色，虑以下人。在邦必达，在家必达。夫闻也者，色取仁而行违，居之不疑。在邦必闻，在家必闻。"

【译文】

　　子张问孔子说："读书人怎样才能叫作达呢？"孔子反问说："你讲的达是什么意思呢？"子张回答说："在国家做官一定有名望，在卿大夫家管事一定有名望。"孔子说："这叫作闻，不叫达。所谓达，就是本性正直，喜好大义，善于分析别人的言语，善于观察别人的神色，在心中愿意向别人谦让。这种人在国家做官必定行得通,在卿大夫家管事也必定行得通。所谓闻,就是表面爱好仁德,而行动与之相反,以仁自居而不自省。这种人在国家做官必定骗取名望,在卿大夫家管事也会骗取名望。"

【赏析】

本节孔子阐述了"闻"与"达"之间的区别。孔子强调读书人应该务实,不但要思想正直,更应该行为无过,做事应该是为国为民,而不应是只求声名显赫,沽名钓誉。

【原文】

樊迟从游于舞雩之下,曰:"敢问崇德、修慝、辨惑?"子曰:"善哉问!先事后得,非崇德与?攻其恶,无攻人之恶,非修慝与?一朝之忿,忘其身,以及其亲,非惑与?"

【译文】

樊迟跟随孔子在舞雩台下闲游,问道:"胆敢请教如何提高品德,如何消除别人对自己隐藏着的邪恶,如何辨别迷惑?"孔子说:"问得好!先付出努力,后计较得失,不就提高品德了吗?整治自己的毛病,不去整治别人的毛病,不就消除别人心中的邪恶了吗?由于一时的愤怒,就不顾性命,甚至连父母都不管了,这不就是迷惑不解吗?"

舞雩从游　樊迟从游于舞雩之下,曰:"敢问崇德、修慝、辨惑。"曰:"善哉问!先事后得,非崇德与?攻其恶,无攻人之恶,非修慝与?一朝之忿,忘其身以及其亲,非惑与?"

【赏析】

本节孔子阐述了有关崇德、修慝、辨惑等提高自身修养的问题,暗示了后人要想成为德才兼备的人才,必须先从自身做起。所谓种豆得豆,种瓜得瓜,凡事要先检讨自身的缺点,先放下自己的私欲,先付出才能成为真正有品德又明是非的君子。

【原文】

樊迟问仁。子曰:"爱人。"问知。子曰:"知人。"樊迟未达。子曰:"举直错诸枉,能使枉者直。"樊迟退,见子夏曰:"向也吾见于夫子而问知,子曰:'举直错诸枉,能使枉者直',何谓也?"子夏曰:"富哉言乎! 舜有天下,选于众,举皋陶,不仁者远矣。汤有天下,选于众,举伊尹,不仁者远矣。"

【译文】

樊迟问什么是仁。孔子说:"爱别人。"又问什么是智。孔子说:"了解别人。"樊迟还不明白。孔子便说:"把正直的人选拔出来,使其位置在邪恶的人之上,就能使邪恶的人改正过来。"樊迟退了出来,去对子夏说:"刚才我去见了老师,向他问智,老师说:'把正直的人选拔出来,使其位置在邪恶的人之上,就能使邪恶的人改正过来',这是什么意思?"子夏说道:"这话含义多么丰富啊! 舜有了天下,从众人中选拔人才,把皋陶选拔了出来,不仁的人就纷纷远离而去。汤有了天下,从众人中选拔人才,把伊尹选拔了出来,不仁的人就纷纷远离而去。"

【赏析】

本节孔子阐述了"仁"和"智"的内涵,提出了著名的"爱人"和"知人"的观点。然而,这一观点却是体现在政治上的知人善任,即选拔有才德的人担任重要的职务,人尽其才,才尽其用,只有这样,才能世风清明,天下太平。

【原文】

曾子曰:"君子以文会友,以友辅仁。"

【译文】

曾子说:"君子用文章学问来交朋友,用朋友来帮助自己提高仁德的修养。"

【赏析】

本节曾子论述了交友的方式以及交友的目的。君子之间的交情与金钱、地位、出身无关,他只注重于人品与"文"质,有了这两个方面的碰撞就能够互相帮助、共同提高。能够一起走向正途的人才是真正的朋友,只有这种友谊才是长久而珍贵的。

子路第十三

【原文】

仲弓为季氏宰,问政。子曰:"先有司,赦小过,举贤才。"曰:"焉知贤才而举之?"子曰:"举尔所知。尔所不知,人其舍诸?"

【译文】

仲弓担任季氏的家臣,向孔子问如何管理政事。孔子说:"给办事人员做表率,宽赦别人的小过失,选拔优秀人才。"仲弓说:"怎样去发现优秀人才,从而将他们选拔出来呢?"孔子说:"选拔你所了解的。你所不了解的,别人难道会埋没他们吗?"

【赏析】

本节孔子继续阐述他的为政之道。这里具体地谈到了为政之道不仅在于选拔优秀的人才,还在于宽容待人。对于他人的小过错要能怀有大度之心,这样自然有众多的人才来到,切记不可嫉贤妒能。

【原文】

子路曰:"卫君待子而为政,子将奚先?"子曰:"必也正名乎!"子路曰:"有是哉,子之迂也!奚其正?"子曰:"野哉由也!君子于其所不知,盖阙如也。名不正则言不顺,言不顺则事不成,事不成则礼乐不兴,礼乐不兴则刑罚不中,刑罚不中则民无所措手足。故君子名之必可言也,言之必可行也。君子于其言,无所苟而已矣。"

【译文】

子路问孔子说:"假如卫君等您去治理国家,您将先从哪里着手呢?"孔子说:"首先必须是纠正混乱的名称吧!"子路说:"您真的迂腐到这个地步吗!为什么要去纠正呢?"孔子说:"仲由啊,你太粗鲁了!君子对于他所不知道

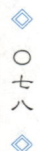

的，一般采取存而不论的态度。如果名号表达不正，说话就不会顺当；说话不顺当，事情就办不成；事情办不成，国家的礼乐制度就建立不起来；礼乐制度建立不起来，刑罚就不合理；刑罚不合理，百姓就会手足失措。所以君子使用一个名号必须说得准确，说出来的就一定要行得通。君子对于他所说的话，是一点马虎都不能有的。"

【赏析】

本节孔子阐述了其"正名"的思想。这里孔子是针对蒯氏父子争夺君位、破坏等级名分而说的。孔子所处的时代，诸侯混战、礼崩乐坏、名分混乱，孔子认为要改变这种局面，首先要"正名"。也就是说，要使君臣父子各安其位、各职其责，遵守各自的名分，不越位、不僭礼，这样才能维护国家的统治秩序。

【原文】

樊迟请学稼。子曰："吾不如老农。"请学为圃。曰："吾不如老圃。"樊迟出。子曰："小人哉，樊须也！上好礼，则民莫敢不敬；上好义，则民莫敢不服；上好信，则民莫敢不用情。夫如是，则四方之民襁负其子而至矣，焉用稼？"

【译文】

樊迟请求学习种庄稼。孔子说："我比不上老农民。"又请求学习种蔬菜。孔子说："我比不上老菜农。"樊迟出去后，孔子说："樊迟真是小人啊！如果在上位者讲求礼制，就不会有百姓不尊敬他；如果在上位者讲求道义，就不会有百姓不服从他；如果在上位者讲求信用，就不会有百姓不讲真话。能做到这样子，其他地

放鲱知德　夫子适卫，使巫马期观宓子贱之政。期入单父封，见夜渔者舍小取大，问其故。渔者曰："吾大夫欲长之。"返告曰："宓子贱之德至矣，使民暗行若有严刑于傍。"夫子曰："尝告之曰：'诚于此者刑于彼。'"

方的百姓就都会背着襁褓中的儿女来归附,还用得着自己种庄稼吗?"

【赏析】

本节中,樊迟向孔子请教种田、种菜的知识,孔子认为樊迟志向太小,这种体力劳动并不是读书人的追求。他希望樊迟能学一些治国安邦的大道理,因此而教育樊迟,作为君子应该重在修养品德,应志存高远。

论穆公霸 齐景公与晏婴适鲁,问曰:"昔秦穆公国小处僻,其霸何也?"孔子曰:"秦国虽小,其志大;处虽僻,行中正。身举五羖,爵之大夫,以此观之,虽王可也。"景公悦。

【原文】

子曰:"诵《诗》三百,授之以政,不达;使于四方,不能专对;虽多,亦奚以为?"

【译文】

孔子说:"熟读了《诗经》三百篇,把政事交给他治理,他办不通;派他出使外国,他不能独立进行外交谈判和酬答;即使读得多,又有什么用呢?"

【赏析】

《诗经》在春秋战国时期被尊为理想的教育工具,因为它记载了先朝政事的得失,是培养政治人才的教科书。因此,孔子说把《诗经》三百篇都读透了还不能处理政务的人还不如不读书,意在强调学以致用,反对脱离社会实践的书呆子。

【原文】

子曰:"其身正,不令而行;其身不正,虽令不从。"

【译文】

孔子说:"在上位者只要自己行为端正,不用发布命令,事情也行得通;他自己行为不端正,即使发布命令,百姓也不会服从。"

【赏析】

　　本节孔子强调了执政者的品行的重要性。他认为,身为执政者就必须给万民做表率,如果自己不以身作则,要下面的人遵从命令,就很难了。带兵,要身先士卒;执政,也要身先百姓。只有这样,政令才能通达,礼乐才能兴起。

【原文】

　　子曰:"苟正其身矣,于从政乎何有? 不能正其身,如正人何?"

【译文】

　　孔子说:"假如自己行为端正了,对于治理政事还有什么困难? 自己行为不能端正,又怎能使别人端正呢?"

【赏析】

　　本节孔子强调执政者要身体力行,从自己做起,所谓身教重于言传,领导者自身的修养是决定工作绩效的主要因素。如果领导者本身就不能起模范带头作用,又有何理由去要求他人行为端正,处事公允呢?

【原文】

　　定公问:"一言而可以兴邦,有诸?"孔子对曰:"言不可以若是其几也。人之言曰:'为君难,为臣不易。'如知为君之难也,不几乎一言而兴邦乎?"曰:"一言而丧邦,有诸?"孔子对曰:"言不可以若是其几也。人之言曰:'予无乐乎为君,唯其言而莫予违也。'如其善而莫之违也,不亦善乎? 如不善而莫之违也,不几乎一言而丧邦乎?"

【译文】

　　鲁定公问孔子说:"一句话可以使国家兴盛,有这样的事吗?"孔子回答说:"话不可能有这样绝对的。不过,人们常说:'做君难,做臣也不容易。'假如知道做君的艰难,岂不近于一句话而使国家兴盛吗?"定公又问:"一句话可以使国家灭亡,有这样的事吗?"孔子回答说:"话不可能有这样绝对的。

不过，人们常说：'我对做国君不觉得什么快乐，只是我说什么都没人敢违抗我。'假如说的对而没有人违抗，不也很好吗？假如说的不对而没有人违抗，岂不近于一句话而使国家灭亡吗？"

诛少正卯　鲁定公十一年，孔子由大司寇摄行相事，七日诛乱政大夫少正卯于两观之下。子贡问其故，孔子曰："天下有大恶五，窃盗不与焉。心逆而险，行僻而坚，言伪而辩，记丑而博，顺非而泽，五者有一，不免君子之诛。少正卯兼有之，故不可赦也。"

【赏析】

本节孔子向鲁定公辩证地分析了"一言而可以兴邦""一言而丧邦"这两种说法，总结出了一些治国的具体经验，如：大乱是由小乱开始的，国势兴衰亦缘于一些毫不起眼的细微之事，这些都是很有启示意义的。

【原文】

子夏为莒父宰，问政。子曰："无欲速，无见小利。欲速则不达，见小利则大事不成。"

【译文】

子夏担任莒父邑的长官，向孔子问如何治理政事。孔子说："不可贪求速成，不可只顾小利。贪求速成，就达不到目标；只顾小利，就办不成大事。"

【赏析】

本节孔子教导子夏，为政不能急于求成，不能贪图小利，应该要有远大的目光和长远的发展计划。不仅为政如此，生活的其他方面也是这样，"欲速则不达，见小利则大事不成"，这是至理名言。

【原文】

樊迟问仁。子曰："居处恭，执事敬，与人忠。虽之夷狄，不可弃也。"

【译文】

樊迟问什么是仁。孔子说:"平时生活严肃庄重,处理事情严肃认真,与人交往忠心诚意。这几种品德,即使到了落后的夷狄之国,也是不能丢弃的。"

【赏析】

本节孔子具体从生活、工作、待人三个方面教导樊迟追求仁德的方法。其实,居重位要职的人不仅如此,平民百姓也应该如此,良好的生活态度、严谨的处事方法及真诚的待人方式,是任何一个正直的君子都应该遵守的准则。

【原文】

子曰:"君子和而不同,小人同而不和。"

【译文】

孔子说:"君子通过发表不同意见来与人交流以达到统一,却不苟同;小人只是苟同,却不肯发表自己的意见。"

【赏析】

本节孔子阐述了君子与小人待人处事的不同。君子因为有所坚持,而不放弃原则,因此保持了个体的独立,不盲从附和却可以与人和谐相处;而小人万事以利为先,利益在时便可称兄道弟,利益去时便是怨恨相对。

【原文】

子贡问曰:"乡人皆好之,何如?"子曰:"未可也。""乡人皆恶之,何如?"子曰:"未可也。不如乡人之善者好之,其不善者恶之。"

【译文】

子贡问:"整个乡里的人都喜欢他,这人怎么样?"孔子说:"还不能认可。"子贡又问:"整个乡里的人都讨厌他,这人怎么样?"孔子说:"也不能认可。不如整个乡里的好人都喜欢他,整个乡里的坏人都讨厌他。"

【赏析】

　　本节孔子指出不能简单地以他人的评价作为衡量一个人好坏的标准。考察一个人，不仅要看好人对他的评价，也要看坏人对他的评价，只有被德高望重的人赞赏又被德行败坏的人憎恶的人，才是真正的君子。

【原文】

　　子曰："君子易事而难说也。说之不以道，不说也。及其使人也，器之。小人难事而易说也。说之虽不以道，说也。及其使人也，求备焉。"

【译文】

　　孔子说："君子容易在他手下做事，却难以讨他喜欢。不用正当的方式去讨他喜欢，他是不会喜欢的。但等到他使用人才的时候，他会根据各人的才能去安排。小人难于在他手下做事，却容易讨他喜欢。用不正当的方式去讨他喜欢，他会喜欢的，但等到他使用人才的时候，他对人却求全责备，百般为难。"

【赏析】

　　本节孔子阐述了君子与小人在工作、待人、用人等方面的不同做派。君子奉行忠诚、宽恕的理念，用人所长，容人所短。小人嫉妒他人之才，非人所短，依仗权势苛求完备。

【原文】

　　子曰："刚、毅、木、讷，近仁。"

【译文】

　　孔子说："刚强、果敢、质朴、谨言，这四种品质都近于仁。"

【赏析】

　　本节孔子通过对"刚、毅、木、讷"四种品质的论述，表达了仁者应具备的品德。无欲则刚，果敢刚毅，质朴则木，迟钝则讷，有了这四种品德，差不多就可以被称为仁者了。

宪问第十四

【原文】

宪问耻。子曰:"邦有道,谷;邦无道,谷,耻也。"

【译文】

原宪问什么是耻辱。孔子说:"国家政治清明,可以出去做官领俸禄;国家政治黑暗,也去做官领俸禄,这就是耻辱。"

【赏析】

本节孔子针对那些"享有国家俸禄却无所作为者"进行了批判。他认为,那些在和平年代,没有建树只知道享受优厚待遇的太平官和那些在战乱年代,仍无所作为却发国难财的投机者,同样都是不知羞耻的人民蛀虫。

【原文】

"克、伐、怨、欲不行焉,可以为仁矣?"子曰:"可以为难矣,仁则吾不知也。"

【译文】

原宪又问:"假如好胜、夸耀、怨恨、贪欲四种毛病都没有,可以算作仁人了吗?"孔子说:"这可以说是难能可贵了,是否叫作仁人,我可不知道。"

【赏析】

本节孔子表达了要将仁与其他的美德区分开来的思想,显示出孔子一贯不以仁轻易许人的态度。

夹谷会齐　定公十年,会齐侯于夹谷。孔子摄相事,献酬礼毕,齐有司请奏四方之乐,孔子进曰:"吾两君为好,夷狄之乐何为于此?请却之。"又请奏宫中之乐,孔子进曰:"匹夫荧惑诸侯者诛,请命有司加法焉。"景公惭惧。

这同时说明了，仁者不是轻易就能做到的，其思想境界的高度也并不仅仅是靠修养美好的德行就能达到的。

【原文】

子曰："士而怀居，不足以为士矣。"

【译文】

孔子说："士假如留恋安定的住所，便不配做一个士了。"

【赏析】

"士而怀居"是政治上的短视者。本节中，孔子阐述了读书人应该胸怀大志，以天下为己任，如果贪图安逸，留恋个人的小家庭，就不配做读书人。

【原文】

子曰："邦有道，危言危行；邦无道，危行言孙。"

昼息鼓琴　孔子昼息于室而鼓琴。闵子自外闻之，以告曾子曰："乡也夫子鼓琴，音清澈以和，渝入至道。今更为幽沉声，夫子何所感而若是？"二子入问，孔子曰："然，固有之矣。吾见猫方取鼠而欲得之状，故为此音。可与听音矣。"

【译文】

孔子说："国家政治清明，说正直的话，做正直的事；国家政治黑暗，做正直的事，说话则要谦逊。"

【赏析】

本节孔子阐述了处世之道。不管是在盛世还是在乱世，人们的处事原则可以不变，但处事方法却应因环境而有所改变。孔子便强调了在乱世当中，说话要谦逊，不能大直，这是明哲保身的一种方法。

【原文】

子曰："有德者必有言，有言者不必有德。仁者必有勇，勇者不必有仁。"

【译文】

孔子说:"有道德的人必定有言论,有言论的人不一定有道德。有仁德的人必定勇敢,勇敢的人不一定有仁德。"

【赏析】

本节孔子阐述了德与言、仁与勇的关系。德与仁都是人内在的品质与精神,而言与勇都是人外在的言行表现。有内必然会发乎于外,但有外却未必有内。只有具备了真正的仁德,即便是不开口,不做事,那种美好的品德也会自然而然地流露出来。

过蒲赞政　子路治蒲,孔子入其境,三称其善。子贡问曰:"未见其政,何以知之?"曰:"入其境,田畴易,草莱辟,沟洫治,恭敬以信,民尽力矣;入其邑,墙屋固,树木茂,忠信以宽,民不偷矣;至其庭,庭其清矣,诸下用命,政不扰矣。三称庸尽其美乎!"

【原文】

子曰:"君子而不仁者有矣夫,未有小人而仁者也。"

【译文】

孔子说:"身为君子而不具备仁德的人应该是有的,但从无身为小人而具备仁德的。"

【赏析】

本节孔子就是否具备仁德这一问题,对君子和小人这两类人分别进行了阐述。因为小人为善难,君子为恶易。人生失措在于一念之间,因此告诫世人:人生的每一步都应该走好。

【原文】

子曰:"贫而无怨难,富而无骄易。"

【译文】

孔子说:"贫苦而没有怨恨是很难做到的,富有而不骄气倒容易做到一些。"

知鲁庙灾　孔子在陈，陈侯就燕之。子游闻路人云："鲁司铎哭及宗庙。"以告孔子，曰："灾必桓、釐乎？"陈侯曰："何以知之？"曰："《礼》云：'祖有功，宗有德，故不毁其庙焉。'夫桓、釐，功德不足以存其庙，而鲁不毁，是以天灾加之。"既而鲁使果以桓、釐报灾。陈侯谓子贡曰："吾今乃知圣人之可贵。"

【赏析】

　　本节孔子阐述了个人修养方面的一个问题。孔子认为要能做到富而不骄是比较容易的，然而要能做到安贫乐道、处逆境仍达观却是极为困难的，因此，后者比前者更值得人们尊敬。

论语

【原文】

　　子路问成人。子曰："若臧武仲之知，公绰之不欲，卞庄子之勇，冉求之艺，文之以礼乐，亦可以为成人矣。"曰："今之成人者何必然？见利思义，见危授命，久要不忘平生之言，亦可以为成人矣。"

【译文】

　　子路问什么是完人。孔子说："像臧武仲一般的聪明，像孟公绰一般的不贪，像卞庄子一般的勇武，像冉求一般的才艺，再用礼乐来加以修饰，便可以算作完人了。"接着又说："现在所谓的完人哪能一定做到这样呢？遇到利益时想想自己该不该得，遇到危险时愿意付出生命，久处困顿之境还不忘自己当时说过的诺言，也就可以算作完人了。"

【赏析】

　　"金无足赤，人无完人。"本节中，孔子论述了两个层次的完人的标准。就较低层次的而言，孔子认为做到正直、勇敢、诚信便可以算是完人了，并且说这并不是高不可攀、无法企及的，而且还是切实可行的。

【原文】

　　子贡曰："管仲非仁者与？桓公杀公子纠，不能死，又相之。"子曰："管仲相桓公，霸诸侯，一匡天下，民到于今受其赐。微管仲，吾其被发左衽矣。岂若匹夫匹妇之为谅也，自经于沟渎而莫之知也？"

【译文】

子贡问道："管仲不是仁者吧？桓公杀了公子纠，他不但不自杀，反而去辅佐他。"孔子说："管仲辅佐桓公，称霸诸侯，匡正天下，人们到今天还受着他的恩惠。假若没有管仲，我们都会披散头发、衣襟左开而沦为异族了。难道要求他像普通小老百姓一般守着小信义，在田沟中上吊自杀却无人知晓才对吗？"

【赏析】

本节孔子对管仲的功业给予了充分的肯定，认为管仲做事以大局为重，不拘束于小节小信，去做无意义的牺牲。拘守于小节小信的人，不能算是仁人君子。

【原文】

子曰："其言之不怍，则为之也难。"

【译文】

孔子说："说起来大言不惭，那他做起来就难了。"

【赏析】

本节孔子批评了大言不惭的人。他认为，一个人夸夸其谈，只注重口舌之利，那么他做起事来必定很困难。

【原文】

子路问事君。子曰："勿欺也，而犯之。"

【译文】

子路问如何侍奉君主。孔子说："不要欺骗，但要敢于冒犯谏争。"

【赏析】

本节阐述的是孔子坚持的侍奉君主的原则，即不能欺骗君主，但要犯颜直谏，也就是要求侍奉君主既直且正。

【原文】

子曰："古之学者为己，今之学者为人。"

【译文】

孔子说："以前从事学习的人为的是提高自己的学识修养，现在从事学习的人为的是向别人炫耀自己的才学。"

【赏析】

本节孔子阐述的是古今学者为学目的的不同。批判了有些学者哗众取宠，专事炫耀之能事，装饰自己，只图虚名的华而不实之风。

【原文】

子曰："不在其位，不谋其政。"

【译文】

孔子说："不在这个职位上负责，不考虑那方面的政事。"

【赏析】

本节孔子说的是要做好本职工作。不在那个职位上，便不考虑那个职位上的事，这是孔子所反复强调的。

【原文】

曾子曰："君子思不出其位。"

【译文】

曾子阐发说："君子考虑问题不越出自己的职权范围。"

【赏析】

本节与上节一样都是讲要恪尽职守，做好本职工作，不能做超出份内工作的事情。不安于本职工作，超出本职工作的思虑就是越轨的思想。

【原文】

子曰："君子耻其言而过其行。"

【译文】

　　孔子说:"君子以说得到而做不到为耻。"

【赏析】

　　本节孔子强调的是君子要言行一致,要少说多做,言必行,行必果。君子应敏于事而慎于言,而不是轻易许诺,然后又食言。

【原文】

　　子曰:"君子道者三,我无能焉:仁者不忧,知者不惑,勇者不惧。"子贡曰:"夫子自道也。"

【译文】

　　孔子说:"君子所应遵循的三条原则我都没有能力做到:仁德的人不忧虑,智慧的人不迷惑,勇敢的人不畏惧。"子贡说:"老师说的君子正是他自己。"

【赏析】

　　本节孔子从仁、智、勇三个方面来反思自己,觉得自己的修养还不够,可见孔子对人格修养的严格要求程度,同时也强调了人格修养的努力方向。

适卫击磬　孔子过蒲适卫,与弟子击磬。有荷蒉者过其门曰:"有心哉,击磬乎!"既而曰:"鄙哉,硁硁乎!莫己知也,斯已而已矣。深则厉,浅则揭。"子曰:"果哉!末之难矣!"

【原文】

　　子曰:"不患人之不己知,患其不能也。"

【译文】

　　孔子说:"不要忧虑别人不了解自己,应该忧虑自己没有能力。"

【赏析】

　　本节孔子强调修炼内功,要培养自己的德行、能力。自己有本事才是最重要的,别人对自身的关注是次要的;不要沽名钓誉,要踏实培养自己的能力,这才是首要的。

【原文】

子曰:"不逆诈,不亿不信,抑亦先觉者,是贤乎!"

子西沮封　楚昭王将以书社之地封孔子。令尹子西谏曰:"王之使臣有如子贡者乎?辅相有如颜回者乎?将帅有如子路者乎?官尹有如宰予者乎?孔丘得据土壤,贤弟子为佐,非楚之福也。"昭王乃止,于是孔子自楚反乎卫。

【译文】

孔子说:"不预先怀疑别人行诈,不主观臆测别人不诚实,但又能及早察觉,这样的人该是贤者吧!"

【赏析】

本节孔子阐述的是待人的原则。既不事先怀疑别人存心欺诈,也不凭空猜想别人不真诚,但对别人的欺诈和不诚实能事先察觉,这就是贤者的表现了。事先察觉别人需要自身的阅历和智慧。

【原文】

子曰:"骥不称其力,称其德也。"

【译文】

孔子说:"千里马称骥,并不是赞美它的气力,而是赞美它的品德。"

【赏析】

本节孔子用千里马作比喻,说明德、才对一个人的重要。一个真正的人才应该是德才兼备,相对而言,德又是占第一位的。

【原文】

或曰:"以德报怨,何如?"子曰:"何以报德?以直报怨,以德报德。"

【译文】

有人说:"用恩德回报怨恨,怎么样?"孔子说:"那用什么回报恩德呢?应该用正直回报怨恨,用恩德回报恩德。"

【赏析】

　　本节讲的是如何对待"怨"与"德",孔子不赞成以德报怨,应该以德报德,而怨恨应该以正直来报。

【原文】

　　子曰:"莫我知也夫!"子贡曰:"何为其莫知子也?"子曰:"不怨天,不尤人,下学而上达,知我者其天乎!"

【译文】

　　孔子说:"没有人了解我啊!"子贡说:"为什么说没有人了解您呢?"孔子说:"不怨恨上天,不责怪别人,学习平常的知识而懂得高深的道理,了解我的只有上天吧!"

【赏析】

　　本节孔子对自己的品行、学识做了总结。他认为自己满腔才华,却怀才不遇,因此而感叹"莫我知",唯一了解自己的只有苍天了。

卫灵公第十五

【原文】

　　卫灵公问陈于孔子。孔子对曰:"俎豆之事,则尝闻之矣;军旅之事,未尝学也。"明日遂行。在陈绝粮,从者病,莫能兴。子路愠见曰:"君子亦有穷乎?"子曰:"君子固穷,小人穷斯滥矣。"

【译文】

　　卫灵公向孔子问作战的阵法。孔子回答说:"礼仪方面的事情,我曾经略有所闻;至于军队方面的事情,我从来没有学过。"第二天便离开了卫国。孔子在陈国断了粮,跟随的人都饿坏了,没有人能站起来。子路带着满腔愤怒来见孔子,说:"君子也会陷入困境吗?"孔子说:"君子陷入困境,还能坚持住;小人陷入困境,便会胡作非为了。"

【赏析】

　　本节记叙孔子不屑于谈论军旅的事情。因为孔子的思想坚持以礼治国、实行仁政、反对战争。紧接着又论述了孔子"仁"的表现，作为守礼的典范，孔子坦然面对穷困，守志不移。

【原文】

　　子曰："赐也，女以予为多学而识之者与？"对曰："然。非与？"曰："非也。予一以贯之。"

【译文】

　　孔子对子贡说："赐啊，你认为我多方学习并将它们记住了吗？"子贡回答说："是的。难道不是吗？"孔子说："不对。我用一个基本内容将它们贯穿起来。"

【赏析】

　　本节孔子阐述其学习的方法，认为求学最重要的方法是"一以贯之"。用一个观念统领所有学问，这是求学的重要理念，在今天依然具有借鉴意义。

【原文】

　　子曰："直哉史鱼！邦有道如矢，邦无道如矢。君子哉蘧伯玉！邦有道则仕，邦无道则可卷而怀之。"

【译文】

　　孔子说："史鱼真是忠直啊！国家政治清明，他像箭一样直；国家政治黑暗，他也像箭一样直。蘧伯玉真是一个君子啊！国家政治清明，他出来做官；国家政治黑暗，他就能退缩而藏身。"

【赏析】

　　本节是孔子对史鱼和蘧伯玉两人进行评价的话。他对史鱼和蘧伯玉都表示赞赏，史鱼无论政治清明还是黑暗，一心处直，蘧伯玉在治世为官，在乱世隐居，这也是一种智者的表现。但相比较而言，孔子更欣赏后者。

【原文】

　　子曰："可与言而不与之言，失人；不可与言而与之言，失言。知者不失人，亦不失言。"

【译文】

孔子说:"值得和他交谈而不和他交谈,这就失掉了可靠的人;不值得和他交谈却和他交谈,就会漏失秘密的话。明智的人既不失掉可靠的人,也不会漏失秘密的话。"

灵公问阵　哀公二年,孔子自陈返卫。灵公问陈,子曰:"军旅之事,未之学也。"明日,与之语,公仰视飞雁。孔子见其色不在,遂行。复如陈。

【赏析】

本节孔子阐述了讲话的重要标准,即说话要看对象,还要想好该说什么话。对该说的人在适当的时候说出该说的话,不该说的人就不要乱说话,要做到"不失人,亦不失言",才是聪明人。

【原文】

子曰:"志士仁人,无求生以害仁,有杀身以成仁。"

【译文】

孔子说:"仁人志士,不因贪生怕死而损害仁德,却勇于献身以成就仁德。"

【赏析】

本节孔子讲述仁人志士为了追求仁德,生命也是可以牺牲的,也就是要做到"杀身成仁""舍生取义"。这一思想是儒家所奉行的,对后世影响深远。

【原文】

子贡问为仁,子曰:"工欲善其事,必先利其器。居是邦也,事其大夫之贤者,友其士之仁者。"

【译文】

子贡问如何修养仁德。孔子说:"工匠要完成好他的工作,必须先把他的工具准备好。我们住在一个国家里,就要侍奉大夫中的贤人,交结士人中的仁人。"

【赏析】

　　本节孔子讲了结交有仁德的朋友,也是为仁的一个重要方面。所谓"近朱者赤",一个人的修养是可以通过他结交的朋友的修养看出来的。因为经常与仁德之人在一起,自己就会潜移默化受其影响。

【原文】

　　子曰:"人无远虑,必有近忧。"

【译文】

　　孔子说:"一个人若没有长远的考虑,必定会有眼前的忧患。"

【赏析】

　　本节孔子指出人要高瞻远瞩,从长远考虑,要着眼于未来,而不是只顾及眼前利益。如果只看到眼前之利,那么很快就会陷入困境而不自知,悔之晚矣。

【原文】

　　子曰:"躬自厚而薄责于人,则远怨矣。"

【译文】

　　孔子说:"对自己责备得重而对别人责备得轻,就可以远离怨恨了。"

【赏析】

　　本节讲的是孔子处理人际关系的原则。孔子强调做人要多反省自己,要严于律己、宽以待人,这样人与人之间就会怨恨减少,和谐相处。

【原文】

　　子曰:"群居终日,言不及义,好行小慧,难矣哉!"

【译文】

　　孔子说:"整日相聚在一起,一点有道理的话都不讲,只知卖弄小聪明,这种人实在难有什么成就。"

【赏析】

　　本节孔子批评那些好耍小聪明的人。有些人有一点小聪明,却自以为是,废弃大德大道,整日呼朋唤友,攀比小聪小慧。孔子认为,这样的人已形同朽木,不可理喻。

【原文】

子曰:"君子义以为质,礼以行之,孙以出之,信以成之。君子哉!"

【译文】

孔子说:"君子按照义来修养自己的品质,按照礼来行事,用谦逊的态度讲话,以诚实的态度取得成功。这才真是一个君子!"

【赏析】

本节讲的是君子行事的原则。义是行事的根本,礼仪是行事的规矩,谦逊的语言、诚实的态度都是行事的技巧。要做到义为本,礼为规,用谦逊的语言和诚实的态度去做事,这才是一个真正的君子。

【原文】

子曰:"君子病无能焉,不病人之不己知也。"

【译文】

孔子说:"君子只忧愁自己没有才能,不忧愁别人不了解自己。"

【赏析】

本节孔子论述了君子应该加强自身修炼,不必去担心别人不知道自己。是金子总会发光,如果整日为声名所累,自己也就没有闲暇充实自我,逐渐地会沦为华而不实、沽名钓誉之辈。

【原文】

子曰:"君子疾没世而名不称焉。"

【译文】

孔子说:"君子唯恐死了而没有名声流传后世。"

【赏析】

　　本节主要讲述君子注重声名成就。君子在世，一心想建功立业，留名后世；唯恐身死名薄，泯然众人。所以君子争相流芳百世，担忧籍籍无名。

【原文】

　　子曰："君子求诸己，小人求诸人。"

【译文】

　　孔子说："君子求之于自己，小人求之于别人。"

【赏析】

　　本节孔子从对待自己与对待别人的态度上区分君子与小人。君子遇事苛求自己，小人遇事苛求别人；君子时刻严于律己，而小人却时时埋怨他人。只要判断一个人对他人的态度，就能分出君子与小人。

忠信济水　孔子于河梁憩驾，有悬水三十仞，圜济九十里，鱼鳖不能居，有一丈夫遂渡而出。孔子问曰："巧乎？有道术乎？能入而复出也。"对曰："吾以忠信，所以能入而复出也。"孔子谓弟子曰："二三子识之，水且犹可以忠信济，而况人乎？"

【原文】

　　子曰："君子矜而不争，群而不党。"

【译文】

　　孔子说："君子自重却不与人争，合群团结而不结党营私。"

【赏析】

　　本节孔子讲述了君子品格修养的问题。君子庄重，不屑于与人争执；朋友众多，却不会结党营私。君子老成持重、胸襟宽广、一心处直、品格高尚，这种境界是经过长期修炼得到的。

【原文】

　　子曰："君子不以言举人，不以人废言。"

【译文】

孔子说:"君子不因为一个人话说得好就提拔他,也不因为他不是好人就否定他说的话。"

【赏析】

本节孔子指出,一个人说的话与人自身应该相区别。话好,人未必好,话糙,人未必糙。两者应相区别对待,不能被表面的言语所迷惑,而且也不能因为一个人不好,便否定他所说的正确的话。

【原文】

子贡问曰:"有一言而可以终身行之者乎?"子曰:"其恕乎!己所不欲。勿施于人。"

【译文】

子贡问道:"有一个字可用来终身遵照它去做的吗?"孔子说:"大概只有'恕'吧!自己所不想要的东西,就不要强加给别人。"

【赏析】

本节孔子认为推己及人的恕道是可以终身奉行的原则。自己所厌恶的东西,就不要强加给人,也就是做人当以责人之心责己,以恕己之心恕人。只有这样做,才能可获得别人敬重,这是修养高的君子的表现。

【原文】

子曰:"巧言乱德;小不忍则乱大谋。"

【译文】

孔子说:"花言巧语会损害道德;小事不忍耐就会打乱大的计划。"

【赏析】

本节表现了孔子反对巧言令色的观点。花言巧语是华而不实的态度,并主张凡事要以忍为高,欲成大事,不得不忍一时之怒,否则就会一招错,全盘输。

【原文】

子曰:"众恶之,必察焉;众好之,必察焉。"

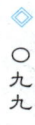

【译文】

　　孔子说:"大家都讨厌他,一定要对他加以考察;大家都喜欢他,一定要对他加以考察。"

【赏析】

　　本节孔子强调了评价人要有实事求是的态度,不能随众而动,要亲自考察后,得出结论再说。大家都喜欢的人不一定是好人,大家都讨厌的人也不一定是坏人,要相信自己的眼光,不能随波逐流,人云亦云。

紫文金简　　梁王闲居,有赤雀衔紫文金简置殿前,不知其义,使人问孔子。孔子答之曰:"此乃灵宝方,禹尝服之,禹将仙纪,封之石山石函之中。今赤雀衔至,殆天授也。"

【原文】

　　子曰:"人能弘道,非道弘人。"

【译文】

　　孔子说:"人能发扬光大道,不是道能弘伟人。"

【赏析】

　　本节孔子阐述了人与道的关系,强调了人的主观能动作用。人控制道,弘扬道,道由人兴,亦由人行,道是数代人积累的修德经验,当在发展中不断完善,所以说"人能弘道"。

【原文】

　　子曰:"过而不改,是谓过矣。"

【译文】

　　孔子说:"有过错而不改正,这就真叫过错了。"

【赏析】

　　本节孔子强调了做事的态度,要知过能改。人非圣贤,孰能无过? 过而能改,善莫大焉。如果过而不改就是一错再错,错上加错,就不是错误本身的问题了,而是对待错误的态度问题,态度问题就是人的修养问题了。

【原文】

子曰:"吾尝终日不食,终夜不寝,以思,无益,不如学也。"

【译文】

孔子说:"我曾经整天不吃饭,整夜不睡觉,用来思考,结果没有获益,不如去学习。"

【赏析】

本节孔子强调了学思要结合,只思索而不学习就会"思而不学则殆"。整日思索,头脑玄虚,如无渊之水,无根之本,劳神费力,却无所长进。只有在大量学习的基础上思考,才能使思想获得进步。

【原文】

子曰:"知及之,仁不能守之,虽得之,必失之。知及之,仁能守之,不庄以莅之,则民不敬。知及之,仁能守之,庄以莅之,动之不以礼,未善也。"

【译文】

孔子说:"聪明才智足以得到一个官职,如果仁德不能守住它,即使得到了,也必定失去。聪明才智足以得到它,仁德也足以守住它,但如果不以严肃的态度来对待它,民众也不会敬从于你。聪明才智足以得到它,仁德足以守住它,又以严肃的态度对待它,但如果不按照礼节来行动,也未必好啊。"

【赏析】

本节孔子强调居高位之人,应该向民众做出表率,才能引导民风向善。所以,居高位者应该具有智慧、仁德、庄重、守礼四种品格,这样才能做一个合格的领导者。

【原文】

子曰:"民之于仁也,甚于水火。水火吾见蹈而死者矣,未见蹈仁而死者也。"

【译文】

孔子说:"老百姓对于仁的畏惧,超过对水火的畏惧。我看见有人掉进水火中而死的,却从没有看见因实践仁德而死的人。"

【赏析】

本节孔子阐述了仁德的重要性。孔子认为,仁德对百姓而言是必需的,甚至超过了对水、火的需要。民需要仁德,当政者也应该推行仁德。

楛矢贯隼　孔子在陈,主司城贞子家。岁馀,有隼集于陈庭而死,楛矢贯之,石砮矢长尺有咫,陈湣公问,孔子对曰:"隼来远矣,此肃慎之矢也。昔武王克商,分陈以肃慎之矢。"试求之故府,果得之。

【原文】

子曰:"当仁,不让于师。"

【译文】

孔子说:"面对实践仁道的时机,即使老师也不必谦让。"

【赏析】

本节中,孔子鼓励人们面对仁德,当勇往直前地追求,不要有所顾忌,就是对老师也要毫不谦让。这点颇似亚里士多德主张的"吾爱吾师,吾更爱真理"。

【原文】

子曰:"君子贞而不谅。"

【译文】

孔子说:"君子诚信,但不拘于小信。"

【赏析】

本节孔子阐述了对待诚信的态度。孔子首先区分了大信用和小信用,认为讲信用要看大节而不必关注小信,要因为讲小信而背离大道,那就是小人的行为了,君子是固守大道而不拘泥于小信的。

【原文】

子曰:"有教无类。"

【译文】

孔子说:"我不加区别地教育所有来学习的人。"

【赏析】

本节表现了孔子著名的教育思想。孔子认为受教育的权利是人人生来都享有的,不能因为贫富、贵贱、地域等而有所区别。只要想接受教育,不论出身如何,孔子都愿意教。

【原文】

子曰:"道不同,不相为谋。"

【译文】

孔子说:"思想主张不同,决不共相谋事。"

【赏析】

本节孔子指出只有志同道合之人才能一起共商大事。兴趣志向不同,是不足以在一起做事的,所谓"物以类聚,人以群分",不只是政治上如此,工作、生活上也是如此。所以交朋友要以志同道合为要,方可成为知心朋友。否则泛泛之交,虚与委蛇,交不到真心朋友,也不能共商大事,共谋大业。

【原文】

子曰:"辞达而已矣。"

【译文】

孔子说:"言辞足以明白表达意思就行了。"

【赏析】

本节中孔子说言辞只要能够表达意思就行了。他认为,言辞不过是工具而已,没必要过于计较。讲话注重的是要表达的内容和思想,而不是言辞的华丽。

季氏第十六

【原文】

　　季氏将伐颛臾。冉有、季路见于孔子曰："季氏将有事于颛臾。"孔子曰："求！无乃尔是过与？夫颛臾，昔者先王以为东蒙主，且在邦域之中矣，是社稷之臣也。何以伐为？"冉有曰："夫子欲之，吾二臣者皆不欲也。"孔子曰："求！周任有言曰：'陈力就列，不能者止。'危而不持，颠而不扶，则将焉用彼相矣？且尔言过矣。虎兕出于柙，龟玉毁于椟中，是谁之过与？"冉有曰："今夫颛臾，固而近于费。今不取，后世必为子孙忧。"孔子曰："求！君子疾夫舍曰欲之而必为之辞。丘也闻有国有家者，不患寡而患不均，不患贫而患不安。盖均无贫，和无寡，安无倾。夫如是，故远人不服，则修文德以来之。既来之，则安之。今由与求也，相夫子，远人不服，而不能来也；邦分崩离析，而不能守也，而谋动干戈于邦内。吾恐季孙之忧，不在颛臾，而在萧墙之内也。"

【译文】

　　季氏将攻打颛臾。冉有、子路一同谒见孔子，说："季氏将对颛臾用兵。"孔子说："冉求！这难道不应该责备你们吗？颛臾，前代君王曾授权他主持东蒙山的祭祀，再说它的国境已在我们鲁国的疆界之内，它实际上是我们国家的一个藩属，为什

礼堕三都　　孔子言于定公曰："臣无藏甲，大夫无百雉之城。今三家过制，请损之。"公曰："然。"于是堕三都焉。

么要去攻打它呢？"冉有说："季孙大人想这样做，我们两人都是不愿意的。"孔子说："冉求！周任有句话说：'使出全力去履行你的职责；如果不胜任就该辞职。'主子遇到危险却不护持，就要摔倒而不去搀扶，那又何必用你们这些辅佐之臣呢？况且你的话错了。老虎犀牛从笼子中跑了出去，宝龟宝玉在匣子里存放坏了，这是谁的过失呢？"冉有说："现在颛臾城墙坚固，而又邻近费邑，此时不攻取它，以后必将成为季氏子孙的祸患。"孔子说："冉求！君子憎恶那种不说自己想要而另外找个借口去得到的做法。我听说过，无论诸侯还是大夫，不忧虑国家贫穷而忧虑财富不均，不忧虑人口稀少而忧虑动乱不安。如果能平均就无所谓贫穷，如果能和睦就无所谓人少，如果能安定就不会倾覆。做到这样了，如果远方的人还不归服，就修治礼乐去招致他们。他们来了，就让他们安下心来。现在你和求两人，给季孙辅政，远方的人不归服，你们却不能招致；国家正在分崩离析，你们却无力保全，反而想在境内动用武力。我担心季孙的祸患不在颛臾，而在朝内国政的混乱！"

【赏析】

　　本节孔子对仲由与冉求不能阻止季氏对颛臾的征伐进行了指责，同时也阐述了自己的治国方针。作为臣子，一定要极力辅佐国君，如果国君失误，那就是臣子的责任。国家的强大，并非依靠对外的用兵；而祸患也并非一定都来自朝廷之外，朝廷内部的忧患往往会更大。

【原文】

　　孔子曰："天下有道，则礼乐征伐自天子出；天下无道，则礼乐征伐自诸侯出。自诸侯出，盖十世希不失矣；自大夫出，五世希不失矣；陪臣执国命，三世希不失矣。天下有道，则政不在大夫。天下有道，则庶人不议。"

【译文】

　　孔子说："天下政治清明，礼乐教化与军事行动都由天子做主；天下政治混乱，礼乐教化与军事行动由诸侯做主。由诸侯做主，传到十代很少不失去的；由大夫做主，传到五代很少不失去的；至于由家臣掌握国家命运，传到三代很少不失去的。天下政治清明，国家政权不会由大夫掌握。天下政治清明，老百姓不会纷纷议论政治。"

退修诗书 孔子年四十二,鲁昭公卒,定公立,季氏僭公室,陪臣执国命。故孔子不仕,退而修诗书礼乐,弟子弥众。

【赏析】

本节中,孔子对"天下有道"和"天下无道"两种政治情形进行了分析。孔子指出,天子主政,就会天下太平,百姓就会安居乐业。如果大权旁落,就会引起百姓的不满,导致社会危机,国势衰落。

【原文】

孔子曰:"益者三友,损者三友。友直,友谅,友多闻,益矣。友便辟,友善柔,友便佞,损矣。"

【译文】

孔子说:"对自己有益的有三种朋友,对自己有害的有三种朋友。与正直的人为友,与诚实的人为友,与见闻广博的人为友,便对自己有益了。与谄媚奉承的人为友,与虚情假意的人为友,与夸夸其谈的人为友,便对自己有害了。"

【赏析】

本节孔子阐述了好坏朋友的标准和不同。文中,孔子为了说明这个问题,先后讲了三种有益的朋友和三种有害的朋友。如何交友,交什么样的朋友使人一目了然。

【原文】

孔子曰:"益者三乐,损者三乐。乐节礼乐,乐道人之善,乐多贤友,益矣。乐骄乐,乐佚游,乐晏乐,损矣。"

【译文】

孔子说:"对自己有益的有三种快乐,对自己有害的有三种快乐。以得到礼乐的调节为乐,以传扬别人的好处为乐,以多交贤友为乐,便对自己有益了。以骄恣无礼为乐,以纵情游荡为乐,以饮宴荒淫为乐,便对自己有害了。"

【赏析】

本节孔子阐述了什么才是真正的快乐。人的性格品性不同，兴趣爱好不同，所以他们所追逐的乐趣也不同，有益、健康、高兴的乐趣才是真正的快乐，对自己将来的事业与生活有很大好处，而低俗、不良的乐趣只能把人引入歧途，贻害终身。

【原文】

孔子曰："侍于君子有三愆：言未及之而言谓之躁，言及之而不言谓之隐，未见颜色而言谓之瞽。"

【译文】

孔子说："侍奉君子容易犯三种过失：没轮到自己说话就先说，叫作急躁；轮到自己说话却不说，叫作隐瞒；不看对方脸色就冒然开口，叫作眼瞎。"

景公尊让 孔子见齐景公，让登，夫子降一等，景公三辞，然后登，曰："夫子降德辱临，寡人以为荣也。降阶以远，是绝寡人，未知罪也。"孔子曰："惠顾外臣，君之赐也。然以匹夫而敌与国君，非所敢也。虽辱君私之，其若义何？"

【赏析】

本节孔子阐述了在言谈时所应注意的几个问题。说话，也是一门艺术，说话得体，不仅使人愉悦，还可以使事情顺利完成；反之，则会伤人在先，败事在后。所以孔子强调，说话一定要掌握时机，即该说则一定要说，不该说则一定不要乱语。

【原文】

孔子曰："君子有三戒：少之时，血气未定，戒之在色；及其壮也，血气方刚，戒之在斗；及其老也，血气既衰，戒之在得。"

【译文】

孔子说："君子有三件事应该警戒自己：年轻时，血气未定，应在迷恋女色方面警戒自己；壮年时，血气正旺，应在争强好斗方面警戒自己；年老时，血气已衰，应在贪求名利方面警戒自己。"

【赏析】

　　本节孔子叙述了在人生的三个阶段，人们最应该戒忌的三件事。随着人由小到大的成长、成熟，人的身心也都发生着变化，各个阶段的情况不同，所警惕戒备的事情也不同。本节中孔子所提出的就很有普遍意义。

【原文】

　　孔子曰："君子有三畏：畏天命，畏大人，畏圣人之言。小人不知天命而不畏也，狎大人，侮圣人之言。"

【译文】

　　孔子说："君子有三种敬畏：敬畏天命，敬畏居于高位的人，敬畏圣人的言语。小人不懂得天命，因而对它不知敬畏，又轻视居于高位的人，轻侮圣人的言论。"

【赏析】

　　本节孔子指出了君子与小人的又一个不同。君子为人处世，常存敬畏之心，有自己的信仰；而小人则肆无忌惮，无论做什么事都没有一点顾忌，这也就决定了两者的道路不同，命运自然不同。

【原文】

　　孔子曰："君子有九思：视思明，听思聪，色思温，貌思恭，言思忠，事思敬，疑思问，忿思难，见得思义。"

【译文】

　　孔子说："君子有九种用心的地方：看的时候考虑是否看清楚了，听的时候考虑是否听清楚了，脸色考虑是否温和，外貌考虑是否庄重，言语考虑是否忠心，办事考虑是否认真，有疑问考虑如何向人请教，想发怒考虑是否会有后患，看到可得到的东西考虑得到是否合适。"

【赏析】

　　本节孔子阐述了九种君子要经常面对的考虑。一件事情办得好坏，往往决定于其中某一细节。孔子在这里就指出，君子不仅要为人恭敬，而且还要办事谨慎，在看、听、表情上要注意，在说话、请教时也要注意，即处处用心，时时注意。

【原文】

　　孔子曰："见善如不及，见不善如探汤。吾见其人矣，吾闻其语矣。隐居以求其志，行义以达其道。吾闻其语矣，未见其人也。"

【译文】

　　孔子说："见到善如同赶不及似地急切追求，见到不善就如用手去试热开水一样迅速抽离。我见到过这样的人，也听到过这样的话。隐居避世以求保全自己的志向，出仕为臣以实现自己的主张。我听说过这样的话，但没见到过这样的人。"

【赏析】

　　本节孔子对两种人进行了论述，一种是摒弃邪恶、追求善良的人，一种是保持操守以求大道的人。两者相比，孔子更赞成后者。对于后者，孔子说他未曾见过。其实对普通人来讲，即使是达到前者的境界，也是非常难得的了。

【原文】

　　陈亢问于伯鱼曰："子亦有异闻乎？"对曰："未也。尝独立，鲤趋而过庭。曰：'学《诗》乎？'对曰：'未也。''不学《诗》，无以言。'鲤退而学《诗》。他日，又独立，鲤趋而过庭。曰：'学礼乎？'对曰：'未也。''不学礼，无以立。'鲤退而学礼。闻斯二者。"陈亢退而喜曰："问一得三，闻《诗》，闻礼，又闻君子之远其子也。"

【译文】

　　陈亢向伯鱼问道："您在老师那儿受到过与众不同的教导吗？"伯鱼回答

说："没有。记得他曾独自站在庭中,我加快步子恭敬地走过。他忽然问我说:'学习《诗》了吗?'我回答说:'没有。'他说:'不学《诗》,就不会说话。'我便回去学《诗》。另一天,他又独自站在庭中,我又加快步子恭敬地走过。他忽然问道:'学礼了吗?'我回答说:'没有。'他说:'不学礼,无法立足于社会。'我便回去学礼。我只听到这两件。"陈亢回去高兴地说:"我问一件事,得知了三件事。一是《诗》,二是礼,三是得知君子疏远自己的儿子而不偏私。"

瑟儆孺悲　鲁人孺悲尝学礼于孔子,欲见焉,孔子辞以疾。将命者出户,取瑟而歌,使之闻之。

【赏析】

本节记载了孔子对儿子伯鱼的教育,既说明了学习《诗》、学习礼是非常重要的,又看出了孔子在教育上不以远近亲疏为别。对于学生与亲子一视同仁的做法。

阳货第十七

【原文】

阳货欲见孔子,孔子不见,归孔子豚。孔子时其亡也,而往拜之,遇诸涂。谓孔子曰:"来!予与尔言。"曰:"怀其宝而迷其邦,可谓仁乎?"曰:"不可。""好从事而亟失时,可谓知乎?"曰:"不可。""日月逝矣,岁不我与。"孔子曰:"诺!吾将仕矣。"

【译文】

阳货想让孔子见他,孔子不去见,他就送给孔子一只小猪。孔子等到他不在家的时候,就去回拜他,和他在路上相遇了。他对孔子说:"来!我和你谈一谈。"他接着说:"自己藏着一身的本领,却听任国家一片迷乱,这能叫作仁吗?"孔子说:"不能。"阳货又说:"自己喜欢做官却屡次错过机会,这能叫作智吗?"孔子说:"不能。"阳货又说:"时光在流逝,岁月不待人。"孔子说:"好吧!我准备做官了。"

【赏析】
　　本节记载了把持鲁国朝政的权臣阳货请孔子出仕,而孔子极力回避的事情。积极出仕是孔子一向所主张的,抓住时机也是孔子所知道的,但孔子极力躲避阳货的邀请,可见他的心中有一个坚定不移的原则,不为不施仁德的人服务。

【原文】
　　　　子曰:"性相近也,习相远也。"

【译文】
　　孔子说:"人的本性是相近的,而受后天环境和教育不同的影响就使其相差甚远了。"

【赏析】
　　本节孔子强调了后天学习与环境对一个人的影响。刚一出生的小孩,本性都是相近的,但受所处环境的不同以及学习的差异,就使他们今后的命运也必不相同。这里强调了学习更是改变一个人命运的重要因素。

【原文】
　　　　子曰:"唯上知与下愚不移。"

【译文】
　　孔子说:"只有最上等的智者与最下等的愚人是后天无法改变的。"

【赏析】
　　本节孔子所说的主旨也是强调教育的重要作用。生而知之的上知和不可救药的下愚毕竟是少数,只有这些少数人无法改变,其他的大多数人还是可以通过教育来改变的。

【原文】
　　　　子之武城,闻弦歌之声。夫子莞尔而笑,曰:"割鸡焉用牛刀?"子游对曰:"昔者偃也闻诸夫子曰:'君子学道则爱人,小人学道则易使也。'"子曰:"二三子!偃之言是也。前言戏之耳。"

【译文】
　　孔子到武城,听到弹琴唱诗的声音。他微笑着说道:"杀鸡哪里用得着宰牛的刀?"子游回答说:"从前我听老师说过:'做官的学了礼乐之道就会爱护人民,老百姓学了礼乐之道就易于使令。'"孔子便说:"学生们!言偃的话是对的。我刚才的话只是开玩笑罢了。"

【赏析】
　　本节孔子称赞了子游施礼乐的做法,儒家思想一向认为礼乐教化是政事之本。不施礼乐,民众则愚昧不明事理,民贫国困;施礼乐教化,则会使国富家和,政清事简,民众安居乐业。

【原文】
　　　　子张问仁于孔子。孔子曰:"能行五者于天下,为仁矣。""请问之。"曰:"恭、宽、信、敏、惠。恭则不侮,宽则得众,信则人任焉,敏则有功,惠则足以使人。"

【译文】
　　子张向孔子问什么是仁。孔子说:"能在世上实行五种品德,就可以说是仁了。"子张说:"请问是哪五种?"孔子说:"恭敬,宽厚,诚信,勤敏,慈惠。庄重就不会受人侮辱,宽厚就得民心,诚信就会受人信任,勤敏就会工作有成就,慈惠就能够役使别人。"

羵羊辨怪　鲁季桓子穿井得土怪,硬而若石,有兽形。使人问孔子,孔子曰:"物各有怪,土之怪曰羵羊。此羵羊也。"

【赏析】

　　本节孔子向子张阐述了什么是仁。仁是儒家思想所提倡的,也是儒家子弟所追求的,但如何才能算仁呢?孔子认为只要能实行恭、宽、信、敏、惠五种品德,便就具备仁了。

【原文】

　　子曰:"小子何莫学夫《诗》?《诗》,可以兴,可以观,可以群,可以怨;迩之事父,远之事君;多识于鸟兽草木之名。"

【译文】

　　孔子说:"学生们为什么不研习《诗经》呢?《诗经》,可用来感发人的思想感情,可用来观察社会政治得失,可用来交往朋友,可用来讥刺时政。对近的而言,可用来侍奉父母;对远的而言,可用来侍奉君主。还可用来多多认识鸟兽草木的名称以掌握知识。"

【赏析】

　　本节孔子阐述了学习《诗经》的作用。《诗经》是中国古老典籍之一,也是儒家经典之一。《诗经》来源于人们的日常生活,与生活息息相关,学习它也可以用来提高自己。

【原文】

　　子曰:"礼云礼云,玉帛云乎哉? 乐云乐云,钟鼓云乎哉?"

【译文】

　　孔子说:"礼啊礼啊,难道指的仅仅是玉帛等礼物吗? 乐啊乐啊,难道指的仅仅是钟鼓等乐器吗?"

【赏析】

　　本节中孔子指出了什么才是真正的礼乐。所谓礼乐,不仅仅是指礼器、乐器这些外在物品、外在形式,而是指移风易俗、治国治民的整套制度和先于外在形式的内心情感。

【原文】

子曰:"道听而途说,德之弃也。"

【译文】

孔子说:"从路上听到传言就在路上加以传播,这种人是抛弃道德的人。"

【赏析】

本节孔子对那些四处造谣的人进行了批评。道听途说之语,本来就很少有根据,有一定道德修养的人是不会听信也不会传播这些言论

命名荣贶　孔子生子,适鲁昭公以鲤鱼赐之。孔子荣君之贶,故名其子曰鲤,字伯鱼。

的;偏偏是那些小人,不仅仅是传播,还对其进行渲染、加工,给他人、给社会造成了不良影响。这种人终究要遭人唾弃。

【原文】

子曰:"鄙夫可与事君也与哉? 其未得之也,患得之;既得之,患失之。苟患失之,无所不至矣。"

【译文】

孔子说:"浅陋之徒,怎么可以和他一起做官共同事奉君主呢？他没有得到这个位子时,就生怕得不到;已经得到了,又生怕失去。假如总是生怕失去什么,他就没有什么非分的事做不到的了。"

【赏析】

本节孔子对那些患得患失,为保住官职而无所不用的小人进行了批评。小人本来就没有什么德行,用他们来执政,就是社会的隐患,而他们偏偏又为了自己的利益而无所不为,危害国家,危害人民。对这种人,人们也必须提高警惕。

【原文】

子曰:"予欲无言。"子贡曰:"予如不言,则小

子何述焉？"子曰："天何言哉？四时行焉，百物生焉。天何言哉？"

【译文】

孔子说："我想不说话了。"子贡说："您如果不说话，那我们传述什么呢？"孔子说："天说了什么呢？但四季照样运行，万物照样生长。天说了什么呢？"

【赏析】

本节孔子强调了言语要少说，甚至最好不说的原则。圣人并非没有言论，而是不到不得已的时候是不会说的。孔子认为，即使一个人的言论再多，但若丝毫没有切中要害，也是白费。所以少言是孔子对言论的一贯原则。

【原文】

孺悲欲见孔子，孔子辞以疾。将命者出户，取瑟而歌，使之闻之。

【译文】

孺悲想见孔子，孔子托言有病予以拒绝。给孔子去传命的人刚出门，孔子却把瑟取过来边弹边唱，故意使孺悲听到。

【赏析】

本节通过孺悲求见孔子，孔子故意让孺悲知道自己不想见他的事情来说明孔子育人方式的特殊。假托有病却又取瑟而歌，正是为了让孺悲进行自我反省的一种做法，也体现了这种委婉艺术的拒绝所富含的深意。

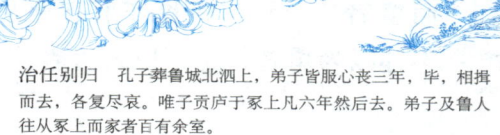

治任别归　孔子葬鲁城北泗上，弟子皆服心丧三年，毕，相揖而去，各复尽哀。唯子贡庐于冢上凡六年然后去。弟子及鲁人往从冢上而家者百有余室。

【原文】

子曰："饱食终日，无所用心，难矣哉！不有博奕者乎？为之犹贤乎已。"

【译文】

孔子说:"吃饱了饭,整天一点事也不做,难以有所成啊!不是有六博和围棋的游戏吗?玩一下也比闲着好。"

【赏析】

本节孔子并非是教世人吃饱了就要玩乐,而是告诫世人,人活着,总得做点事情,哪怕是玩乐也可以愉悦身心,且不可饱食终日,无所用心,浑浑噩噩,虚度时日。

【原文】

子路曰:"君子尚勇乎?"子曰:"君子义以为上。君子有勇而无义为乱,小人有勇而无义为盗。"

【译文】

子路问道:"君子崇尚勇敢吗?"孔子说:"君子认为义是最崇高的。君子假若只有勇而没有义就会犯上作乱,小人假若只有勇而没有义就会成为强盗。"

【赏析】

本节孔子就子路提出的君子是否要尚勇的问题进行了阐述,教育子路勇敢必须要以守义为前提,否则,即使是君子也有作乱的可能,更不用说小人了。孔子在此再一次地强调了义是做人必须具备的第一要素。

【原文】

子贡曰:"君子亦有恶乎?"子曰:"有恶:恶称人之恶者,恶居下流而讪上者,恶勇而无礼者,恶果敢而窒者。"曰:"赐也亦有恶乎?""恶徼以为知者,恶不孙以为勇者,恶讦以为直者。"

【译文】

子贡问:"君子也有所厌恶吗?"孔子说:"有厌恶:厌恶传扬别人坏处的人,厌恶处在下位而毁谤上级的人,厌恶勇敢而不明礼节的人,厌恶果敢而顽固不化的人。"接着又问子贡:"赐,你也有所厌恶吗?"子贡回答说:"厌恶抄袭别人的见解以显示自己聪明的人,厌恶狂傲不逊以显示自己勇敢的人,厌恶揭发别人隐私以显示自己正直的人。"

【赏析】

　　嫉恶，是正义的基本品质。本节中，孔子和子贡探讨了生活中令人厌恶的行为，说明君子亦有所恶，而其所恶者正是修身养性，提高自身品德所必须具备的品德之一。

【原文】

　　子曰："唯女子与小人为难养也。近之则不孙，远之则怨。"

【译文】

　　孔子说："只有女子与小人是最难相处的。太亲近了他们就放肆无礼，太疏远了他们就对你产生怨恨。"

【赏析】

　　本节孔子指出女人与小人是最难以相处的两种人。这里孔子将女子与小人并列，说明在孔子所处的时代，女性是很难得到世人的认可和尊重的，即使是身为圣人的孔子亦是如此，对女性也抱有明显地歧视。这一观点带有明显的时代烙印。

【原文】

　　子曰："年四十而见恶焉，其终也已。"

【译文】

　　孔子说："一个人到了四十岁还被人厌恶，他这一辈子也就完了。"

【赏析】

　　四十，是人生命中至关重要的一个界限。成败取舍，为君子、为小人就在于此间。本节孔子勉励人们及时迁善改过，进德修业，以免到了晚年，而无所成就，徒留伤悲。

微子第十八

【原文】

微子去之，箕子为之奴，比干谏而死。孔子曰："殷有三仁焉！"

【译文】

微子离开了殷宗室，箕子假装发狂被囚为奴隶，比干进谏被杀。孔子说："殷代有三位仁人！"

【赏析】

微子被废，离开宗室，流落他乡；箕子佯装发狂，被当作奴隶来役使；比干力谏纣王，被剖心杀害，可谓为国殉难，取义成仁。以上是做人处世的三种态度及三种不同的人生结局，虽然结局不同，但他们以各自的方式为国尽了忠，他们无愧于先祖后世，无愧于天地良心，所以孔子称他们是殷商时代的三位仁人。

【原文】

柳下惠为士师，三黜。人曰："子未可以去乎？"
曰："直道而事人，焉往而不三黜？枉道而事人，何必去父母之邦？"

【译文】

柳下惠做典狱官，多次被罢官。有人对他说："您不能离开这里吗？"他说："公正无私地办事，到哪里不会多次被罢官呢？违背公正原则办事，又何必离开父母之邦呢？"

【赏析】

本节通过对柳下惠就"子未可以去乎"的回答的记述，称颂柳下惠一身正气，处事清醒。同时也告诉我们：为了维护民族尊严，保护人民利益，捍卫人格的高洁，"何必去父母之邦"！因为父母之邦尚且不能安居，哪里还能是我们生存的乐土？

【原文】

齐景公待孔子,曰:"若季氏,则吾不能;以季孟之间待之。"曰:"吾老矣,不能用也。"孔子行。

【译文】

齐景公在礼待孔子的问题上,说:"像鲁君对待季孙那样对待你,那我办不到;我将用介于季孙和孟孙之间的待遇来对待你。"后来又说:"我已经老了,不能用你了。"孔子便离开了齐国。

晏婴沮封　齐景公问政,孔子曰:"政在节财。"公说,欲封以尼谿之田,晏婴进曰:"夫儒者,滑稽而不可轨法,倨傲不可以为下。君欲用之,以移齐俗,非所以先民也。"景公曰:"吾老矣,不能用也。"孔子接淅而行。

【赏析】

本节通过对齐景公谈起对待孔子的想法的记述,反映了孔子在推行自己主张的时候遭受的挫折。

【原文】

齐人归女乐,季桓子受之,三日不朝,孔子行。

【译文】

齐国给鲁君送了很多歌姬舞女,季桓子接受了,三天不上朝过问政事,孔子便离职走了。

【赏析】

本节记叙了孔子为什么要离开鲁国。孔子出生于鲁国,也希望自己的政治主张能被鲁国的执政者所采纳。但最终还是选择离开,说明了孔子的政治理想和实施办法为鲁国所不容的现实。

【原文】

楚狂接舆歌而过孔子曰:"凤兮!凤兮!何德之衰?往者不可谏,来者犹可追。已而,已而!今之从政者殆而!"孔子下,欲与之言。趋而避之,不得与之言。

【译文】

楚国的狂人接舆唱着歌经过孔子的车前,唱道:"凤啊凤啊!你的德行为何这般衰败了呢?过去的已不可劝谏了,未来的事还可以追补。算了吧!算了吧!现在从政的人是很危险的!"孔子下车,想和他讲话。他快步避开了,孔子没法同他交谈。

【赏析】

本节记叙了楚国狂人接舆对孔子从政的讽刺。接舆是一位隐士,在他看来,当今世道,并非太平世界,道德沦丧,圣人本不应该出现在这个时候的,而想从政,辅佐国君,挽狂澜于既倒,那将是十分危险的。及早隐退,躲避世事才是明智的选择。

【原文】

长沮、桀溺耦而耕。孔子过之,使子路问津焉。长沮曰:"夫执舆者为谁?"子路曰:"为孔丘。"曰:"是鲁孔丘与?"曰:"是也。"曰:"是知津矣。"问于桀溺。桀溺曰:"子为谁?"曰:"为仲由。"曰:"是鲁孔丘之徒与?"对曰:"然。"曰:"滔滔者天下皆是也,而谁以易之?且而与其从辟人之士也,岂若从辟世之士哉?"耰而不辍。子路行以告。夫子怃然曰:"鸟兽不可与同群,吾非斯人之徒与而谁与?天下有道,丘不与易也。"

【译文】

长沮、桀溺一同耕地。孔子从他们旁边经过,叫子路向他们问渡口。长沮对子路说:"那个执辔驾着车的人是谁?"子路说:"是孔丘。"长沮又说:"是鲁国那个孔丘吗?"子路说:"正是。"长沮便说:"那他该知道渡口在哪里了。"子路再去问桀溺。桀溺问道:"你是谁?"子路说:"我是仲由。"桀溺又问:"你是鲁国孔丘的门徒吗?"子路说:"正是。"桀溺便道:"天下到处一片混乱,到底跟谁一起来改变现状呢?而且你与其去跟随一个回避不仁不义的人,不如去跟随回避整个时代的人吧?"说完便不停地耙土。子路走来把话告诉了孔子。孔子怅然地说:"鸟兽是无法同他们生活在一起的,我不同人类生活在一起又同谁生活在一起呢?假如天下已经太平,我就不来改造它了。"

【赏析】

本节记述了孔子在周游列国之时受到两位隐士的责难，以及孔子的抱负和历史责任感。隐居山林与出仕为官永远是读书人两难的选择，观点的不同，也必然决定着他们今后所选择的道路不同。孔子与隐者的人生态度不同，也必然注定了他们今后不可能走同一条道路。

子路问津　哀公四年，孔子如叶，反乎蔡，忘其济渡处，且长沮、桀溺耦而耕，使子路问津焉。曰："滔滔者天下皆是也，而谁以易之？且而与其从避人之士也，岂若从避世之士哉？"耰而不辍。

【原文】

　　子路从而后，遇丈人，以杖荷蓧。子路问曰："子见夫子乎？"丈人曰："四体不勤，五谷不分，孰为夫子？"植其杖而芸。子路拱而立。止子路宿，杀鸡为黍而食之，见其二子焉。明日，子路行以告。子曰："隐者也。"使子路反见之。至则行矣。子路曰："不仕无义。长幼之节不可废也，君臣之义，如之何其废之？欲洁其身而乱大伦。君子之仕也，行其义也。道之不行，已知之矣。"

【译文】

　　子路跟随孔子出游，落在了后面，遇上一位老人，用手杖挑着除草用的工具。子路问他："您看见我的老师了吗？"老人说："你们四肢不劳动，五谷分不清，谁是你的老师呢？"说完，便拄着手杖去锄草。子路拱着手恭敬地站在那里。老人留子路在他家住宿，并杀鸡做饭给他吃，又叫他两个儿子出来与他相见。第二天，子路赶上孔子，把自己的经历告诉了孔子。孔子说："这是一位隐士。"叫子路回去再看看他。到他家，他已经出去了。子路便说："不做官不合乎义。长幼间的次序，又怎么能废弃呢？君臣之间的正当关系，又怎么能废弃呢？只想洁身自好，却损害了基本的伦理关系。君子出来做官，只是为了推行大义。至于自己的主张无法实行，早就知道了。"

【赏析】
　　本节记述了子路在跟随孔子周游列国之时遇到一位隐士的情景。所谓隐士，并非仅指那些逃避世事、居住深山老林的人，他们还有一定的才能与品德。有才能与品德却不出仕推行道义，这是子路所反对的。本节表明了子路积极出仕的观点。

【原文】
　　　　逸民：伯夷、叔齐、虞仲、夷逸、朱张、柳下惠、少连。子曰："不降其志，不辱其身，伯夷、叔齐与！"谓："柳下惠、少连，降志辱身矣，言中伦，行中虑，其斯而已矣。"谓："虞仲、夷逸，隐居放言，身中清，废中权。我则异于是，无可无不可。"

【译文】
　　古来被遗落为平民的人有：伯夷、叔齐、虞仲、夷逸、朱张、柳下惠、少连。孔子说："不降低自己志向，不辱没自己身份，是伯夷、叔齐吧！"又说："柳下惠、少连这两个人，降低了自己志向，辱没了自己身份，但讲话合乎伦常，行为合乎义理，那也就如此而已。"又说："虞仲、夷逸，隐居避世，放肆直言，处身清白，被废置不用也是自己的权变之术。而我与这些人不同，没有什么可以，也没有什么不可以。"

【赏析】
　　本节中，孔子对七位隐士的品德操行分别进行了评说，同时也指出了自己是与他们不相目的，自己能够做到出仕退隐，自如灵活，没有什么可以拘泥的。孔子的境界明显地高于其他七个人。

【原文】
　　　　太师挚适齐，亚饭干适楚，三饭缭适蔡，四饭缺适秦，鼓方叔入于河，播鼗武入于汉，少师阳、击磬襄，入于海。

【译文】
　　太师挚去了齐国，第二餐的乐师干去了楚国，第三餐的乐师缭去了蔡国，第四餐的乐师缺去了秦国。鼓师方叔居于黄河边上，摇小鼓的乐师武居于汉水边上，少师阳和击磬的乐师襄居于海边。

【赏析】
　　本节记述了鲁哀公时期，鲁国所有乐师纷纷出逃的情景，这一情景反映了鲁国礼乐已经崩坏。乐师的出逃也暗示着匡世之才得不到任用，四散而去，预示着一个国家、社会已经衰落，这也正是孔子担忧所在。

【原文】
　　周公谓鲁公曰："君子不施其亲，不使大臣怨乎不以。故旧无大故，则不弃也。无求备于一人。"

【译文】
　　周公对鲁公说："君子不疏远他的亲族，不叫大臣抱怨没被任用。旧臣故人如果没有重大过失，就不要抛弃他。不要对某一个人求全责备！"

【赏析】
　　本节记载了周公教导儿子伯禽如何待人用人的话。如何待人、用人是作为执政者必须要面对的，也是关系到他所统治地区兴盛与衰落的关键所在。那么执政者应该如何做呢！待人恭敬、宽厚，不求全责备则是周公所说的一种有效的方法。

【原文】
　　周有八士：伯达、伯适、仲突、仲忽、叔夜、叔夏、季随、季騧。

【译文】
　　周朝曾有八个贤士：伯达、伯适、仲突、仲忽、叔夜、叔夏、季随、季騧。

【赏析】
　　本节记述了周朝初期的事情，不仅说明了当时朝廷人才济济，同时也强调了人才是关系到国家兴衰的关键因素。周朝初期，国势之所以强盛，是因为除了姜尚、周公之外，还有众多的文臣武将的辅佐。意在希望当今执政者能重视人才，重用人才。

子张第十九

【原文】

子张曰:"士见危致命,见得思义,祭思敬,丧思哀,其可已矣。"

【译文】

子张说:"士遇到危难能豁出性命,遇到利益能考虑是否合乎义,祭祀时想着恭敬严肃,居丧时想着悲痛伤心,那也就可以了。"

【赏析】

本节中子张阐述了士人所应该具备的德行。士人是国家的栋梁,士人的品德决定着国家的兴衰,所以子张主张士人要以义为先,勇于承担责任。

【原文】

子张曰:"执德不弘,信道不笃,焉能为有?焉能为亡?"

【译文】

子张说:"执守道德不能发扬光大,信仰道义不能诚心实意,这种人多了他能怎么样?少了他能怎么样?"

【赏析】

本节子张强调了应当坚定笃实地执守仁德、信奉道义。对仁德的信仰,对道义的追求,是人们所向往的,也是大多数明智之人都能做到的。但如果不能坚定决心,无怨无悔地走下去,那么这种人对社会也是可有可无的。

【原文】

子夏之门人问交于子张。子张曰:"子夏云何?"对曰:"子夏曰:'可者与之,其不可者拒之。'"子张曰:"异乎吾所闻:君子尊贤而容众,嘉善而矜不能。我之大贤与,于人何所不容?我之不贤与,人将拒我,如之何其拒人也?"

【译文】

　　子夏的学生向子张问交友的原则。子张说:"子夏怎么说?"他们回答说:"子夏说:'值得交的就交结他,不值得交的就拒绝他。'"子张说:"这和我所听到的不同:君子尊重贤人,也接纳普通人;鼓励好人,也怜悯无能的人。如果我是非常好的人呢,对什么人不能接纳? 如果我是不好的人呢,别人将拒绝我,我又怎能拒绝别人呢?"

萍实通谣　楚昭王渡江,江中有物,大而赤。王怪之,使使问孔子。孔子曰:"此萍实,可食,惟霸者能获焉。"王食之大美。子游问曰:"夫子何以知其然?"子曰:"吾昔过陈,闻童谣曰:'楚王渡江得萍实,大如斗,赤如日,剖而食之甜如蜜。'此楚王之应也,吾是以知之。"

【赏析】

　　本节中记述了子夏和子张二人的交友原则。人生活在社会上,必然要与他人打交道,也必然要涉及交友的问题。人们也许会像子夏一样,考虑自己的需求、利益,能满足自己、于己有利的则交之,否则就拒绝。但是,交友就是交友,何必搀杂太多的功利呢? 子张的交友境界明显高于子夏。

【原文】

　　子夏曰:"虽小道,必有可观者焉,致远恐泥,是以君子不为也。"

【译文】

　　子夏说:"即使是普通的知识与技艺,必定有值得观摩的地方,但过于沉溺会妨碍实现远大理想,所以君子不从事这些东西。"

【赏析】

　　本节子夏阐述了君子为什么不为"小道"。儒家认为,治人才是最大的学问,治术才是最应得到重视的。"小道"即各种技能,子夏并没有否定其作用,只是担心研究某种单一技能过深,会影响对大学问的研究。

【原文】

　　子夏曰:"日知其所亡,月无忘其所能,可谓好学也已矣。"

【译文】

　　子夏说:"每天知道自己所没有的知识,每月记住已经掌握的知识,可以说是好学了。"

【赏析】

　　本节子夏阐述了日积月累对掌握知识的重要性。功业、成就都是没有速成的,即使很快成功了,也将没有牢靠的根基。知识也是一样,必须靠日积月累,坚持不懈,才能达成的。

【原文】

　　子夏曰:"博学而笃志,切问而近思,仁在其中矣。"

【译文】

　　子夏说:"广泛地学习,不断坚定自己的意志,恳切地发问,联系当前问题进行思考,仁德就在这里面了。"

【赏析】

　　本节子夏阐述了治学之道。博学与笃志是基础,切问与近思是方法,能够做到这四点,就可以达到儒家所提倡、追求的"仁"了。

【原文】

　　子夏曰:"百工居肆以成其事,君子学以致其道。"

【译文】

　　子夏说:"各门工匠要在厂店里劳作来完成他们的工作,君子通过学习以获得他们追求的大道。"

【赏析】

　　本节子夏拿百工与君子作对比,意在说明君子应该努力学习,这样才能获得大道。社会之大,需要各种各样的人才,因此人们的分工也不尽相同,君子所成就的事业也不相同,但所经的途径只有一个,那就是学习。

【原文】

子夏曰："小人之过也必文。"

【译文】

子夏说："小人对于过失必定加以掩饰。"

【赏析】

本节体现了子夏反对掩饰错误，强调知过必改的思想。

【原文】

子夏曰："君子有三变：望之俨然，即之也温，听其言也厉。"

【译文】

子夏说："君子给人的印象有三种变化：远远望去，庄严可畏；跟他接近，温和可亲；听他说话，严厉不苟。"

【赏析】

本节子夏阐述了作为君子所应具有的仪容与气质。君子与小人，不同之处不光体现在才能与品德上，而且表现在外表和气质上，但这外部的气度并非矫揉造作，而是深厚内涵的外在体现，由内向外自然而发。

【原文】

子夏曰："君子信而后劳其民，未信，则以为厉己也。信而后谏，未信，则以为谤己也。"

【译文】

子夏说："君子在得到百姓的信任后才去役使他们，不然，百姓会以为你在虐待他们。君子在得到君主的信任后才去向他进谏，不然，君主会以为你在诽谤他。"

【赏析】

本节子夏对信任的重要作用再一次进行强调。得到信任，是成功完成某事的基础，也是关键。如果你想统治百姓，就必须得到百姓的信任；要想劝谏国君，必须要得到国君的信任。

【原文】

子夏曰："大德不逾闲，小德出入可也。"

【译文】

子夏说："人的德行，在大节上不可越出规矩，在小节上有点出入是可以的。"

【赏析】

本节子夏强调了做事要以"大德"为主，不要拘泥于"小德"。做事如此，做人也如此。人无完人，不可以求全责备，只要大节、大德没有问题，一些小节、小德有些出入也是并无大碍的。

【原文】

子游曰："子夏之门人小子，当洒扫应对进退，则可矣，抑末也。本之则无，如之何？"子夏闻之，曰："噫！言游过矣！君子之道，孰先传焉？孰后倦焉？譬诸草木，区以别矣。君子之道，焉可诬也？有始有卒者，其惟圣人乎！"

【译文】

子游说："子夏的学生们，做做洒水扫地、接待客人、应对进退的事情，是可以的，但这不过是细枝末节。至于礼的根本则谈不上，这怎么办呢？"子夏听了，说："唉！言游错了！君子所需要掌握的学问，哪些首先应该传授呢？哪些最后才去指教呢？这就好比草木，是有区别的。君子的学问，怎么可以歪曲呢？能够有始有终、循序渐进的人，大概只有圣人吧！"

【赏析】

本节记叙了子游与子夏对传授君子之道的不同理解。洒水扫地，待客献茶，这些究竟是不是细枝末节，对修大道有无助益，子游与子夏的观点截然不同。

望吴门马　孔子与颜子登泰山。颜子望见吴间门马，曰："是一匹练，前有生蓝。"孔子曰："此白马芦苇也，盖马之光景如练之长也。"孔子圣之神如此。

【原文】

子夏曰："仕而优则学，学而优则仕。"

【译文】

子夏说："从政而有余力，就去学习；学习而有余力，就去做官。"

【赏析】

本节子夏强调了学习要与实践相结合。学习与实践，两者是紧密联系在一起的，两者是相互促进的。学习到一定程度了，就要参与实践，去从政；从政做到一定程度了，也还要不断地学习的，以增强自己的才干。

【原文】

子游曰："丧致乎哀而止。"

【译文】

子游说："服丧表现出十分悲哀就够了。"

【赏析】

本节子游指出了居丧期间人们应注意的两个问题，一是为了显出自己的孝敬之心，一定要把自己的哀痛完全表现出来；二是哀痛也不要太过，否则对自己的身心都有损害，这也是"不孝"了。所以子游认为，居丧既要"致乎哀"也要"止"。

【原文】

子游曰："吾友张也，为难能也，然而未仁。"

【译文】

子游说："我的同学子张已是很难能可贵的了，然而还没能达到仁。"

【赏析】

本节是子游对好友子张的评价。"仁"是儒家思想的最高境界，除了圣人，几乎很少人能够达到。但能做到像子张一样，也是难能可贵了。这个公正的评价，既是对子张的称赞，也体现了子游对朋友的真诚。

【原文】

曾子曰："堂堂乎张也，难与并为仁矣。"

【译文】

曾子说："子张仪表堂堂，但是难以跟他一起修养仁德。"

【赏析】

本节是曾子对子张的评价。子张仪表堂堂，是对他的称赞，而不易接近，则是对他委婉的批评，做到仁，是必须要做到平易近人的，使别人容易接受你的，所以很少有人能与子张一起共同推行仁道。

【原文】

曾子曰："吾闻诸夫子，人未有自致者也，必也亲丧乎！"

【译文】

曾子说："我听老师讲过：人们平时不能把感情宣泄到极处，（要这样做），必定是在父母死去的时候。"

【赏析】

本节曾子强调了只有在父母死亡时，人的真情实感才能充分地表露出来。这从另一侧面也说出了儒家"克己"的思想，节制压抑自己的情感，真实情感难以得到自然的表露。

【原文】

曾子曰："吾闻诸夫子：孟庄子之孝也，其他可能也；其不改父之臣，与父之政，是难能也。"

【译文】

曾子说："我听老师说过：孟庄子的孝，其他方面别人可以做到；他能不更换父亲所用的人，不改变父亲所行的政，是别人难以做到的。"

【赏析】

本节是曾子对孟庄子孝行的称赞。父母生前专心侍奉，父母死后按礼安

葬,这种孝道其他人也是可以做到的。但孟庄子还能在父亲死后继续推行其政策,把对父母的孝升华到了对国君的忠,这就是别人难以做到的了。由此可见,孟庄子是一位难得的忠臣孝子。

【原文】

孟氏使阳肤为士师,问于曾子。曾子曰:"上失其道,民散久矣。如得其情,则哀矜而勿喜。"

【译文】

孟氏任命阳肤做典狱官,阳肤向曾子请教。曾子说:"在上位的人治国无道,民众人心离散已很久了。你如果办案能掌握他们犯罪的真情,就应怜悯他,而不要沾沾自喜。"

步游洙泗　鲁城东北有洙、泗二水,夫子立教,与弟子游其上。步一步,颜子亦步一步,趋一趋,颜子亦趋一趋。

【赏析】

本节曾子告诫阳肤,作为一名法官所应持有的态度。要按正道办事,把审出犯罪的真情当成自己的责任,而不能把它当成自己的功绩而沾沾自喜,四处夸耀。

【原文】

子贡曰:"纣之不善,不如是之甚也。是以君子恶居下流,天下之恶皆归焉。"

【译文】

子贡说:"商纣王的坏处,不会像人们传说的那么严重。因此君子厌恶身居低下的处境,唯恐天下的坏事都归到他身上了。"

【赏析】

本节子贡以纣为例,告诉人们,千万不要使自己惹上坏的名声。如果一旦有了坏的名声,那么人们会习惯、自然地把坏事全部推到他的身上,逐渐地他就成了罪大恶极的人。即使他有好的一面,也将被人们所忽视或视而不见。

【原文】

子贡曰:"君子之过也,如日月之食焉:过也,人皆见之;更也,人皆仰之。"

【译文】

子贡说:"君子的过失好像日食月食:有了过失,人人都看得见;改正的时候,人人也都仰望着。"

【赏析】

本节子贡阐述了一个人对待错误所应该采取的正确态度。人之一生,难免会犯错误,关键在于你如何去对待。坦然地面对错误,大胆地承认错误,真诚地改正错误,这样才是改正错误的最好方法,这样才能受到人们的尊敬与景仰。

因膰去鲁　齐人闻孔子为政,惧将霸,用黎弥计,选女乐八十人,衣纹衣,舞康乐,马三十驷,以遗鲁君。鲁君为周道游观,怠于政事。孔子犹不忍行,以彰其过。后因不致膰俎,遂行。

【原文】

卫公孙朝问于子贡曰:"仲尼焉学?"子贡曰:"文武之道,未坠于地,在人。贤者识其大者,不贤者识其小者,莫不有文武之道焉。夫子焉不学?而亦何常师之有?"

【译文】

卫国的公孙朝向子贡问道:"仲尼是从哪里学成的?"子贡说:"周文王、周武王之道,并没有坠入地里,掌握在人们那里。贤者接受了宏大的方面,不贤者接受了细微的方面,无处没有文王武王之道。我的老师哪里不能学习呢?为什么要有一个固定不变的老师呢?"

【赏析】

本节子贡说出了孔子之所以有这么大学问的原因,是因为孔子没有固定的老师。圣人之所以为圣人,是因为他能够持之以恒地学习,在于他能博采众长。时时有学问,处处有学问,人人有学问,谦虚好学,借鉴他人的长处,弥补自己的不足,这样就可以使自己免于平庸而接近于圣人了。

【原文】

叔孙武叔语大夫于朝曰:"子贡贤于仲尼。"子服景伯以告子贡。子贡曰:"譬之宫墙:赐之墙也及肩,窥见室家之好。夫子之墙数仞,不得其门而入,不见宗庙之美,百官之富。得其门者或寡矣。夫子之云,不亦宜乎?"

【译文】

叔孙武叔在朝廷上告诉大夫们说:"子贡比仲尼要强。"子服景伯把这话告诉了子贡。子贡说:"如果用围墙来打比方的话:我家的围墙只够肩膀的高度,别人可以探头看见家中的美好。我老师的围墙高达数丈,如果找不到大门进去,就看不见里面宗庙的华美,众官房舍的壮观,能够找到大门的人往往极少!那么,叔孙武叔大人说这种话,不也是合乎情理的吗?"

【赏析】

本节子贡对叔孙武叔有关子贡要比孔子贤能的话语进行了驳斥。既说明了孔子的学识十分高深,一般常人无法理解,而子贡对老师孔子是十分尊敬和景仰的,同时也说明了子贡为人谦虚,有自知之明,不因某人的赞扬而飘飘然忘乎所以。

【原文】

叔孙武叔毁仲尼。子贡曰:"无以为也! 仲尼不可毁也。他人之贤者,丘陵也,犹可逾也;仲尼,日月也,无得而逾焉。人虽欲自绝,其何伤于日月乎?多见其不知量也。"

【译文】

叔孙武叔毁谤仲尼。子贡说:"不要这样做! 仲尼是毁谤不了的。别人的贤能,好比山丘,还可以越过去;仲尼呢,就好像日月,是不可能越过去的!他人虽然想自绝于日月,这对日月有什么损害呢? 只显出他不自量力罢了。"

【赏析】

　　本节子贡对诋毁老师的行为、言语进行了驳斥，对诋毁的人十分鄙视，也表达了对老师道德学问的推崇，对老师人格人品的崇敬。子贡的话也意在说明，与其诋毁他人、否定他人，还不如提高自己的才能，加强自己的道德修养。

【原文】

　　陈子禽谓子贡曰："子为恭也，仲尼岂贤于子乎？"子贡曰："君子一言以为知，一言以为不知，言不可不慎也。夫子之不可及也，犹天之不可阶而升也。夫子之得邦家者，所谓立之斯立，道之斯行，绥之斯来，动之斯和。其生也荣，其死也哀，如之何其可及也？"

金人铭背　孔子入后稷庙，见右阶前有金人，三缄其口，而铭其背曰："古之慎言人也，戒之哉。无多言，多言多败。诚能慎之，福之根也。曰是何伤，祸之门也。"顾谓弟子曰："此言实而中，情而信，行身如是，岂以口遇祸哉！"

【译文】

　　陈子禽对子贡说："您是在有意谦恭吧，仲尼难道真的强过您了吗？"子贡说："君子由一句话可以显出他的聪明，由一句话可以显出他的愚蠢，所以说话是不能不谨慎的。他老人家高不可及，就好像天不可凭借台阶登上去的情况一样。我的老师如果得到诸侯之国大夫之家的政事，就如人们所说的：一让百姓自立于社会，百姓就会自立于社会；一引导百姓前进，百姓就会前进；一对百姓安抚，百姓就会来归附；一对百姓动员，百姓就会齐声响应。他老人家生时荣耀天下，死了哀恸万民，像这样的境界我怎么能赶得上他呢？"

【赏析】

　　本节是子贡对孔子的称颂。他认为，孔子的修养、仁德是他人都无法企及的；同时也强调了言语的重要性，告诫人们语言不可不谨慎。即使偶而一句话，就可以看出他的修养，看出他的智慧学问，看出他的思想境界。

尧曰第二十

【原文】

尧曰:"咨！尔舜！天之历数在尔躬,允执其中。四海困穷,天禄永终。"舜亦以命禹。曰:"予小子履敢用玄牡,敢昭告于皇皇后帝：有罪不敢赦。帝臣不蔽,简在帝心。朕躬有罪,无以万方；万方有罪,罪在朕躬。"周有大赉,善人是富。"虽有周亲,不如仁人。百姓有过,在予一人。"谨权量,审法度,修废官,四方之政行焉。兴灭国,继绝世,举逸民,天下之民归心焉。所重：民、食、丧、祭。宽则得众,信则民任焉,敏则有功,公则说。

【译文】

尧说:"噫！你这位舜！依次登位的大命已落在你身上了,你要诚实地掌握正确的原则。假如天下的百姓陷于穷困,上天给你的禄位就永远终结了。"舜也用这话命禹登位。商汤说:"我这个后辈小子履谨用黑色公牛作祭物,胆敢明明白白地禀告光明而伟大的天帝：凡是有罪的人,我都不敢擅自赦免。您的臣仆我也不敢埋没,按您的意愿选择。我自身有罪,不要连累天下各处的人；天下各处的人有罪,都由我一个人来承担。"周朝大封各方诸侯,让善人都得到富贵。"我虽然有至亲,但比不上有仁德的人。百姓们如有罪过,都由我来承担。"检验并明确度、量、衡的标准,周密法度,恢复已废弃的官职,全国的政令就会通行了。复兴已被灭亡的国家,承继已断绝的世代,提拔隐逸的人才,天下的百姓就会真心归顺了。所应重视的事：民众、粮食、丧礼、祭祀。宽仁,就会得到

骨辨防风　吴伐越,隳会稽,得骨,节专车。使问仲尼:"骨何者最大?"仲尼曰:"禹致群臣于会稽山,防风氏后至,禹戮之,其节专车,此为大矣。"

民众；守信用，百姓就会为其所用；勤敏，就会有功绩；公平，民众就会高兴。

【赏析】

本节记叙了尧、舜、商汤、周武王、孔子几个人的治国思想。在治国大道上，历代圣人都体现着一个共同点，就是以天下为重，以人民为重，也就是天下为公。这既是道德的最高境界，也是做人、执政的最高要求。如此才能得到民众的拥护。

【原文】

子张问于孔子曰："何如斯可以从政矣？"子曰："尊五美，屏四恶，斯可以从政矣。"子张曰："何谓五美？"子曰："君子惠而不费，劳而不怨，欲而不贪，泰而不骄，威而不猛。"子张曰："何谓惠而不费？"子曰："因民之所利而利之，斯不亦惠而不费乎？择可劳而劳之，又谁怨？欲仁而得仁，又焉贪？君子无众寡，无小大，无敢慢，斯不亦泰而不骄乎？君子正其衣冠，尊其瞻视，俨然人望而畏之，斯不亦威而不猛乎？"子张曰："何谓四恶？"子曰："不教而杀谓之虐；不戒视成谓之暴；慢令致期谓之贼；犹之与人也，出纳之吝谓之有司。"

【译文】

子张向孔子问道："怎样就可以从政了呢？"孔子说："能尊崇五种美德，摒除四种恶政，就可以从政了。"子张问："五种美德指的是什么？"孔子说："君子给人恩惠却无所耗费，让百姓为他劳动而无怨恨，有欲望却不贪婪，雍容大方却不骄傲，威严却不凶猛。"子张说："什么叫给人恩惠却无所耗费？"孔子说："借着民众能得利益之处而使他们获利，这不就是给人恩惠却无所耗费吗？选择民众便于劳动的时间让他们劳动，又有谁会抱怨呢？自己想要仁德就得到了仁德，又贪求什么呢？君子不论民众人多人少，事大事小，都不敢怠慢他们，这不就是雍容大方却不骄傲吗？君子整顿自己的衣冠，目光尊严地远视，庄严地使人望见便产生畏惧，这不就是威严却不凶猛吗？"子张又说："四种恶政指的是什么？"孔子说："事先不进行教育，却对民众加以杀戮，叫作虐；事先不进行告诫，却要督查成绩，叫作暴；政令松懈，限期紧迫，叫作贼；用给与人东西作比出手吝啬，叫作小家子气的有司。"

梦奠两楹 孔子病，子贡请见。孔子方负杖逍遥于门，歌曰："泰山其颓乎？梁木其坏乎？哲人其萎乎？"子贡闻之，曰："泰山颓，吾将安仰？梁木坏，吾将安伏？哲人萎，吾将安放？"趋入，子曰："赐也来何迟！夏后殡东阶，殷人殡两楹。丘，殷人也，夜梦坐奠两楹，今明王不兴，天下孰宗？予殆也已。"乃七日卒。

【赏析】

本节孔子阐述了为官之道。孔子对"尊五美，屏四恶"进行了详细的论述，因为这是为官执政的基本要求。"尊五美"是为了让百姓能安心地生活，"屏四恶"是为了使百姓能避免遭到迫害。孔子的治国思想在这里已经淋漓尽致地表达了出来。

【原文】

孔子曰："不知命，无以为君子也；不知礼，无以立也；不知言，无以知人也。"

【译文】

孔子说："不懂得命运，无法成为一个君子；不懂得礼，无法立足社会；不懂得分析别人的言语，无法了解别人。"

【赏析】

本节是孔子对个人自身修养的阐述。"知命""知礼""知言"在孔子眼里，是在立身处世方面每个人都应努力达到的目标。